专题史研究文库

经学通论　诸子概论

李源澄　著

長江出版傳媒 | 崇文書局

图书在版编目（CIP）数据

经学通论 ; 诸子概论 / 李源澄著. -- 武汉 : 崇文书局, 2024. 10. --（专题史研究文库）. -- ISBN 978-7-5403-7746-5

Ⅰ. Z126; B220.5

中国国家版本馆 CIP 数据核字第 20242505M4 号

丛书策划　郑小华
项目统筹　何　丹
责任编辑　黄振华
封面设计　甘淑媛
责任校对　董　颖
责任印制　李佳超

经学通论　诸子概论

JINGXUE TONGLUN ZHUZI GAILUN

出版发行　长江出版传媒 | 崇 文 书 局
地　　址　武汉市雄楚大街 268 号 C 座 11 层
电　　话　(027)87679712　邮政编码　430070
印　　刷　湖北新华印务有限公司
开　　本　880mm×1230mm　1/32
印　　张　7.5
字　　数　185 千
版　　次　2024 年 10 月第 1 版
印　　次　2024 年 10 月第 1 次印刷
定　　价　58.00 元

（如发现印装质量问题，影响阅读，由本社负责调换）

目　　录

经学通论

诸子概论

附　录

经学通论

自 序

经学为中国文化之源泉，说经之书至于不可胜计。汉宋今古之争，纷如聚讼。近世以来，群相率以为畏途，而莫肯究。目录分类至不立经学一门，前人所称为经常不易之道者，今后仅存史料之价值耳。故吾作此书，其旨趣有三：一则说明经学之性质与后来经学之途径，二则提出整理过去经学之方法，三则对各时各派经学从其长处予以说明。学力薄弱，不克与所见相副，以此自愧。

李源澄序于成都国立四川大学　三十三　元旦

一　论经学之范围性质及治经之途径

孟子言："经德不回。"又曰："君子反经而已矣。"赵注："经，常也。"刘熙《释名》曰："经，径也。如径路无所不通，可常用也。"《周礼·天官》太宰"以经邦国"，郑注："经，法也。王谓之礼经，常所秉以治天下也。邦国官府谓之礼法，所以守为法式也。"经学之经，以常法为正解，不必求经字之本义。然经学虽汉人始有之，而经之得名，则在于战国之世。故常法为经学之本义，而非经之达诂。近世释经义者皆释经字之义，而非经学之经之义也。经与经学有别，说详后。经学之名，初见于《汉书·兒宽传》谓宽"见上，语经学"，盖经学即经义也。求之于古，若孔子之论《诗》《礼》，孟子之言《春秋》，皆善发经义者也。其统论诸经大义者，亦始于战国，《庄子·天下篇》曰："《诗》以道志，《书》以道事，《礼》以道行，《乐》以道和，《易》以道阴阳，《春秋》以道名分。"《荀子·劝学篇》曰："故《书》者，政事之纪也；《诗》者，中声之所止也；《礼》者，法之大分，群类之纲纪也。故学至乎《礼》而止矣。夫是之谓道德之极。《礼》之敬文也，《乐》之中和也，《诗》《书》之博也，《春秋》之微也，在天地之间者毕矣。"《礼记·经解》曰："入其国，其教可知也。其为人也，温柔敦厚，《诗》教也；疏通知远，《书》教也；广博易良，《乐》教也；洁净精微，《易》教也；恭俭庄敬，《礼》教也；属辞比事，《春秋》教也。"《史记·自叙》曰："《易》著天地阴阳五行，故长于变；《礼》纪人伦，故长于行；《书》纪先王之事，故长于政；《诗》纪山川、溪谷、禽兽、草木、牝牡、雌雄，故长于风；《乐》乐其所自生，故长于和；《春秋》辨是非，故长于治人。是故《礼》以节人，《乐》以发和，《书》以道事，《诗》以达意，《易》以道化，《春秋》以道义。”《汉书·艺文志》云：“《乐》以和神，仁之表也；《诗》以正言，义之用也；《礼》以明体，明者著见，故无训也；《书》以广听，知之术也；《春秋》以断事，信之符也。五者盖五常之道，相须而备，而《易》为之原。”《白虎通》曰：“《乐》仁，《书》义，《礼》礼，《易》知，《诗》信。”此非汉人及汉以前人言经学之大端乎？故言经学，义当如是。

然吾人所谓经学者，汉代始有之学问也。何以明其然耶？吾国载籍分类，其最简者莫过于四部，以其内容大别之，则理与事而已。于事则史，于理则子，虽史之中未尝不言理，子之中未尝不记事，从其多者，则一言理、一纪事耳。集之起源，说者谓学不专家，谓集为子史之支流，可也。然所谓经者，果何物乎？前人于经史之辩者多矣，既不以为史，而又不以为子，谓经非史非子，可也；谓经非事非理，可乎？班《志》谓诸子皆经之支与流裔，使其言信矣，则经与子之关系亦密也。若谓班氏之言不足信也，能谓宋明之理学亦不出于经乎？太史公作《史记》，则曰“考信于六艺”，本纪、世家所记三代之事，率皆本之于经传，谓经非古史，得乎？且近世古史之研究，实导源于晚清之今文学，廖季平师与南海康氏之言“托古改制”，本以解经学之纠纷，乃一变而为古史之探索。经与史之关系可知也。故近人目录分类，多不立经学之名，而依其性质分隶他目，此由于不知经学之为经学也。使不明经学之为经学，则经学也者，不与时俱逝而成为古代学术上之一名词欤。故言经学，于经学之性质，首宜识之矣。凡治一事，皆当明其性质与其范围，治经不当如是哉？乃治经者以顺释文字为究竟，凡一切故书皆然，经学独具之精神忽焉不察，可乎？夫经学者，史与子合流之学问，固非史学，亦非子学，而与子、史皆有密切之关系，盖起于晚周而成于汉代。孟子之论《春秋》也，曰："其事则齐桓、晋文，其文则史，其义则丘窃取之。"《庄子·天下篇》曰："其明而在数度者，旧法世传之史尚多有之，其在《诗》《书》《礼》《乐》者，邹鲁之士、搢绅先生多能明之。"以《诗》《书》《礼》《乐》与旧法世传之史对言，以史与义对言，是在晚周经学已有与历史分离之势，但其时儒者著书，若孟、荀之伦，称引《诗》《书》，其态度与《左》《国》所记春秋时人称引《诗》《书》无异。逮乎汉代，若伏生之《尚书大传》、董生之《春秋繁露》者，论其内容与战国诸子无以异，而必纳其义于经术之中，儒者之义既托之于经术，儒术遂为经之附庸，而经学起焉。经学者，统一吾国思想之学问，未有经学以前，吾国未有统一之思想。经学得汉武帝之表彰，经学与汉武帝之大一统政治同时而起，吾国既有经学以后，经学遂为吾国人之大宪章。经学可以规定私人与天下国家之理想，圣君贤相经营天下，以经学为模范，私人生活以经学为楷式，故评论政治得失，衡量人物优劣，皆以经学为权衡，无论国家与私人之设施，皆须于经学上有其根据，经学与时王之律令有同等效用，而经学可以产生律令，修正律令。在吾国人心目中，国家之法律不过一时之规定，而经学则如日月经天，江河行地，万古长存，董生言"天不变，道亦不变"，是也。经为明道之书，故经学为万古不变之道，故吾以为以常法释经学最为得当。观于经学未成功以前，诸子皆可称经，《管子》有《经言》，《墨子》有《墨经》上下，《老子》有《邻氏经传》《傅氏经说》，李悝有《法经》。及经学成立以后，则尊经而不敢僭，扬雄之《太玄》、孔衍之《尚书》、王通之《六经》，皆见斥于学者，其故可深长思也。自儒学托于经以成经学，于是经学与儒术不分。经学统一全国思想，故读书人皆名为儒，许氏《说文》以儒为术士之称，实据当时之见解为训，故经学为陶铸吾国二千年历史之学问，吾国文化史之中心。孟子言“行之而不著焉，习也而不察焉，终身由之而不知其道”，吾人之于经学，诚若是也。今日学士大夫日云治经，而不能究其义，遂至目录家可以不立经学之名。若明于经学之意义，虽愚夫愚妇素不知书者，考其信仰与其言行，亦多在经学上有根据，经学可以分隶其他学术哉？经本是史文，但自经学成立以后，即变其性质。历史之于人生，言其意义，充其量不过知往察来、惩恶劝善而止耳，而经学则有为人生规律之意义。哲学者，言之成理，持之有故而已，而经学虽非宗教，而有宗教之尊严。故吾谓经学非史学，非子学，而为子史合流之学问，为一特殊之学问，自具独立之精神，而非史与子所能包含。欲知经学对吾国影响之大，当自历史中求之，亦惟于历史中求经学，始能见经学之意义。

经学之性质既在子史之间，而非子史甚明。虽经与经说皆为史料，此自史学言之耳。若自经学言经学，则经学自具有其特性，而所谓经学者，惟汉儒之通经致用、宋明儒之义理之学足以当之。汉儒之学偏于政治，在吾先儒则以为外王之学；宋儒之学偏于内心修养，在吾先儒则以为内圣之学。以今日术语言之，则一为社会科学，一为哲学。然吾皆谓之为经学者，以其必皆在经学上求根据也。而经学之所以成为经学，与其影响之大，亦正在此。此于吾国政治上之统一关系甚大，不难一思即得，无待繁言。欲经学永存于中国，则当继续此精神而发扬光大之，不然，经学仅为史学之资料耳。然此亦非易事也。汉代去古未远，又未有外来之影响，其变不巨，故汉儒可以服古入官，通经致用；宋代佛学输入已久，教义已大明于时，故宋儒得出入二氏，反而求之六经，以中兴儒学。今西人学术之来中国方且萌芽，吾人于固有学术有重新认识之必要，安敢望汉宋儒者之事乎？然此固经学将来之正路也。惟其如此，然后可以推陈出新，继续前人文化。不得已而思其次，则有三事：一曰治经，二曰治经说，三曰考经学对中国文化各部分之关系。治经者，治理经之本文，首当与古史明其畛域。经文虽为古史之资料，然经学脱离古史而成为经学，自汉迄今二千余年矣。经学者，汉以来之学术，故经学之研究，宜以汉为断限。如清人辨《伪尚书》，以汉人所见而不疑者为真，而不追求于周秦以上，此非特以别于古史之研究，亦经学之本分然也。治经之道，一曰释文，二曰释义。释文有释文之工具，释义有释义之工具。治经者以文字始，以义理终。昔人考据义理之争，皆不达于理者之言，一曲自蔽之见也。治经又当以经为律令，以经证经，合于经者为是，不合于经者为非，于其无明文者则阙疑。汉宋今古门户之争，存而不论可也。治经说者，治理先儒说经之书也，先儒说经之书虽为经而作，其学术思想亦见焉。前贤治经，于此皆少致力。若陈奂之于《毛氏诗》，张惠言之于《虞氏易》，刘逢禄之于《公羊》何氏学，皮锡瑞之于伏生《尚书》之学，皆所谓专家之学也。惜其眼光尚狭，与吾所谓治经说之意不尽同。吾所谓治经说者，于其说经之文予以疏通证明，于其学术思想亦予以发挥介绍，并与他家较量，以明其学术史上之地位。如王弼之《周易注》《论语释疑》，不仅为说《周易》《论语》之书，亦魏晋玄学之要籍，此在学者善用之耳。考经学对中国文化各部分之关系者，以吾国自汉以来之历史皆以经学为中心也。经学对吾国政治、社会、人心、风俗关系之大，人皆知之，而无人能剖析具陈者，此非治经学历史者一大事乎？当知治经学历史非一钞诸史《儒林传》便可了事者也。经为吾国古代文化之总汇，谓古代一切与经有关可也。二千余年之历史，其主要学术为经学，谓二千年来之文化与经有关可也。如此浩漫，治经者何所致力耶？曰：此在吾人，视其才性之所宜，与其工具之所适，尽力为之而已。学问之事，有纲领焉，有条目焉。一学有一学之纲领条目，一书有一书之纲领条目，得其纲领，条目虽不备，无伤也，势不能也。如治一书，先明其全书之条例，此即一书之纲领也，其余一篇之不知，一义之不明，一事之不识，乃条目之不备耳。荀卿论学必先明其统类者，此也。吾见前人有号为专治一经者，果能通全经而无一不明乎？盖其内容既杂，而为学之工具与才性类各有所偏，故不能免于斯累耳。苟不识此，而曰我无不能，则荀子所谓愚者，自以为知之，无知也，岂不哀哉。

二 论经文

孔子以私门授徒，为儒学之祖，学者承业，传授不绝。虽秦焚书禁学，汉初诸大师犹抱遗经以教于民间，田何之《易》，伏生之《书》，高堂生之《礼》，与乎三家之《诗》，《春秋》之有公、穀，皆是也。汉人皆谓六艺出于孔子，故史迁著之于其书，自汉以来，学者无异言，所争特在述作之间而已。近人始有谓孔子不修六经之说，吾则以为《诗》《书》《礼》《乐》者，周人之旧传，而赖儒者传之。《春秋》者，孔子所修，以其义口授弟子，其后为公、穀二家之传。《易》为卜筮之书，不与《诗》《书》《礼》《乐》同科，《十翼》之作，当在孔子之后，《易》之成为儒者之业，当又在《十翼》既成之后。然经学乃汉代之学问，自有经学，吾国人思想始一纳之于经学之下，此为春秋战国所必无之事。秦人一统，学者或有经学之运动，卒成焚坑之祸，以为是古非今者戒。以至汉武之世，始告成功焉。经学虽成功于汉代，经之名则战国已有之，故荀子言"诵经"，庄子言"六经""十二经"，盖以自上所传来者为经，而以后起者为传，故司马谈言"六艺经传以千万数"，经传之名，秦汉之际必已流行也。蒙师文通于《经学抉原·传记篇》已尝论之，今可勿论。惟宋以来所谓十三经者，《孟子》为儒家，《论语》亦宜在儒家之列，《公羊》《穀梁》《孝经》《礼记》《尔雅》皆在传记之列，汉传虽不以《左氏》为解经之书，亦多诵习之，独《周官》所传周制与诸经多异，自后人言之，皆为经学，自汉人视之，宜其不以

《周官》《左氏》二书为经也。汉初经学皆在民间，文帝始立《诗》博士，翟酺所谓“一经博士”者也。然武帝以前之博士，如唐之翰林，所以处一切方术之士，当时博士之性质，当于今所谓专家，本不为教官。赵岐谓文帝立《论语》《孝经》《孟子》《尔雅》于学官，或由当时此四者皆置博士，故尔云然，学官则本无有也。汉人言经皆指“五经”，故刘歆谓“《诗》始萌芽”，翟酺谓“置一经博士”，皆不及此也。自汉武立五经博士，置弟子员，于是博士始为教官。汉代用人之法，自武帝而立，凡有三途：一曰学校，二曰选举，三曰征辟。取人既不使异端杂进，学校为教化之原，以经学为之倡，宜乎一道同风，自此以后，不复有大违经旨之思想起于其间也。自经学深入于人心之后，则又不赖乎学校，北魏以来学校多以处贵胄之士，何与于经学之隆污乎？学官所立，考试所用，惟关于注家之盛衰，乃经学范围以内之事，若唐之《五经正义》，明之《四书五经大全》是也。自汉以来所谓经者，虽有五经、七经、九经、十三经之殊，自经义言之，皆不出乎五常日用之道，以经文言之，文字间有讹脱，篇章间有遗亡，不能复汉人之旧，然大体固无殊也。

《易》分上下经，上经始乾终离，为卦三十，下经始咸终未济，为卦三十四，《彖》上下、《象》上下、《系辞》上下、《文言》、《说卦》、《序卦》、《杂卦》十篇为《易传》，所谓“十翼”者也。《汉书·艺文志》云：“《易经》十二篇，施、孟、梁丘三家。”龚向农师曰：“‘十二篇’下当脱‘经二篇’三字。十二篇者，古文也。二篇者，今文也。今文只有上下经，故《志》所载周王孙、服光、杨何、王同之传，施、孟、梁丘之章句，皆二篇。费氏《古文易》则合《十翼》为十二篇，《儒林传》云：‘费直《易》无章句，徒以《彖》《象》《系辞》十篇之言解说上下经。’“之言”，旧误“文言”，据王树枏校改。是其明证。故《志》分别言之。《志》于《尚书》云：‘《尚书》古文经四十六卷，经二十九卷，大小夏侯二家，欧阳经三十二卷。'于《礼》云：'《礼》古经五十六卷，经十七篇，依刘敞校改。后氏、戴氏。'于《春秋》云：'《春秋》古经十二篇，经十一卷，公羊、穀梁二家。'皆先言古文，后言今文，《周易》例亦当同。学者习见费氏本，故辄删'经二篇'三字耳。"龚先生谓《志》有脱文，是也，谓今经无《十翼》，犹难信据，以经文惟有上下二经，学者于《十翼》可以不注，不能以此遂谓今经无《十翼》也。《十翼》本不与经连，与经连者，郑玄、王弼之本，龚先生谓王弼始以传与经连。唐孔颖达《正义》用王弼注。《汉志》云："刘向以中古文《易经》校施、孟、梁丘经，或脱去'无咎''悔亡'，惟费氏经与古文同。"今所行者即费氏本，宋吕祖谦依《汉志》考订《周易》，朱子据之以作《本义》，以复费氏之旧，宋董楷作《周易传义附录》，以程子在前，故以朱就程，程所用为王弼本，遂乱朱本，后之刊《本义》者仍之，又非朱子之旧也。

《汉书·艺文志》云："《尚书》古文经四十六卷，为五十七篇，经二十九卷，大小夏侯二家，欧阳经三十二卷。古文者，孔壁所得。今文者，伏生所传也。"《艺文志》云："秦燔书禁学，济南伏生独壁藏之，汉兴亡失，求得二十九篇，以教于齐鲁之间，讫孝宣世，有欧阳、大小夏侯氏立于学官。《古文尚书》者，出孔子壁中，武帝末，鲁共王坏孔子宅，欲以广其宫，而得《古文尚书》，及《礼记》《论语》《孝经》凡数十篇，皆古字也。共王往入其宅，闻鼓琴瑟钟磬之音，于是惧，乃止不坏。孔安国者，孔子后也，悉得其书，以考二十九篇，得多十六篇，安国献之，遭巫蛊事，未列于学官，刘向以中古文校欧阳、大小夏侯三家经文，《酒诰》脱简一，《召诰》脱简二，率简二十五字者，脱亦二十五字，简二十二字者，脱亦二十二字，文字异者七百有余，脱字数十。"是古文较今文为完具也。伏生所传二十九篇者：一《尧典》，二《皋陶谟》，三《禹贡》，四《甘誓》，五《汤誓》，六《盘庚》，七《高宗肜日》，八《西伯戡黎》，九《微子》，十《牧誓》，十一《洪范》，十二《金縢》，十三《大诰》，十四《康诰》，十五《酒诰》，十六《梓材》，十七《召诰》，十八《洛诰》，十九《多士》，二十《无逸》，二十一《君奭》，二十二《多方》，二十三《立政》，二十四《顾命》，二十五《康王之诰》，二十六《棐誓》，二十七《吕刑》，二十八《文侯之命》，二十九《秦誓》。《泰誓》后得，博士集而读之，加《泰誓》一篇，而合《康王之诰》于《顾命》，仍为二十九篇者，《尚书释文》引马融说："王若曰庶邦侯甸男卫"以下，欧阳、大小夏侯三家同为《顾命》。大小夏侯本也；又分《盘庚》为三，以成三十一之数者，欧阳本也。《古文尚书》于伏生所传之外多十六篇：一《舜典》，二《汩作》，三《九共》，四《大禹谟》，五《弃稷》，六《五子之歌》，七《胤征》，八《汤诰》，九《咸有一德》，十《典宝》，十一《伊训》，十二《肆命》，十三《原命》，十四《武成》，十五《旅獒》，十六《冏命》。《九共》分为九篇，则为二十四篇，二十四篇合与伏生所同者二十九篇，则为五十三篇。而刘向《别录》、桓谭《新论》皆谓五十八篇，《汉志》谓五十七篇，颜师古云："郑玄《叙赞》云后又亡其一篇，故五十七。"郑注《书叙》又谓《武成》亡于建武之际，则仍五十八也。其五篇则《盘庚》为三，与《泰誓》三篇故也。论篇目分合，本龚先生说。或疑马融疑《泰誓》，则古文不应有《泰誓》，马融虽疑《泰誓》，不能谓古文家皆疑之也。《泰誓》后得，博士集而读之，故为今文，马融之所以疑之，岂不以古文家取之耶？段玉裁改"今文"为"今之"，非也。汉代经文之发现，史家时有失记，如《易》之中古文，即不明其来源，《尚书》亦然。《儒林传》及《论衡》皆记张霸伪为百两篇，而成帝以中书校之，则中《尚书》尚不止孔壁所得之数，《王莽传》有《嘉禾》，郑注《周礼》引《周官》，皆在孔壁逸书之外，杜林又有漆书，皆在伏生所传、孔壁所得、河内所发之外者也。二十九篇者，伏生所传之数；五十三篇者，孔壁所得之数。以《尚书》为备固妄，而《尚书璇玑钤》所谓百两篇为《尚书》，十八篇为《中候》之说，亦无据也。然《尚书》百篇与孔子作《书序》之说，盖皆与《书纬》有关，后人多疑《书叙》，不为过矣。东晋伪古文则于《尧典》分出《舜典》，于《皋陶谟》分出《益稷》，谓伏生误合，遂为三十三篇。而别造二十五篇：一《大禹谟》，二《五子之歌》，三《胤征》，四《仲虺之诰》，五《汤诰》，六《伊训》，七、八、九《太甲》，十《咸有一德》，十一、十二、十三《说命》，十四、十五、十六《泰誓》，十七《武成》，十八《旅獒》，十九《微子之命》，二十《蔡仲之命》，二十一《周官》，二十二《君陈》，二十三《毕命》，二十四《君牙》，二十五《冏命》，合为五十八篇，唐孔颖达《正义》用之，而真者亦赖以传焉。

《汉书·艺文志》云："《诗经》二十八篇，鲁、齐、韩三家，《毛诗故训传》三十卷。"古皆经传别行，《毛诗》之经失载耶，抑同于三家而略之耶？《艺文志》又云："孔子纯取周诗，上采殷，下取鲁，凡三百五篇，遭秦而全者，以其讽诵，不独竹帛故也。"意谓经多残阙，《易》以卜筮之书免于秦火而全，《诗》则因为人所讽诵能记忆之，故无残阙，非谓汉人始著竹帛也。三家之《诗》，说解之异耳。三家经文之异于毛者，独《毛诗》多《小雅·南陔》以下六亡篇之序，然则谓四家经文皆同，无不可也。唐孔颖达《正义》用《毛传》《郑笺》，三家皆亡，赖有此耳。段玉裁订《毛诗故训传》之目为三十卷，《国风》则《周南》《召南》《邶》《鄘》《卫》《王》《郑》《齐》《魏》《唐》《秦》《陈》《桧》《曹》《豳》，《小雅》

则《鹿鸣》《南有嘉鱼》《鸿雁》《节南山》《谷风》《甫田》《鱼藻》,《大雅》则《文王》《生民》《荡》,《周颂》则《清庙》《臣工》《闵予小子》,《鲁颂》《商颂》各为一卷,亦未知其果为《毛传》之旧否。

《汉书·艺文志》云:"《礼》古经五十六卷,经十七篇,后氏、戴氏。"又云:"自孔子时而不具,至秦大坏。汉兴,鲁高堂生传《士礼》十七篇,讫孝宣世,后仓最明,戴德、戴圣、庆普皆其弟子,三家立于学官。《礼》古经者,出于鲁淹中及孔氏,与十七篇文相似,多三十九篇。"《礼经》既残阙,博士教授各以意为先后,故大小戴不同,刘向校书,又重为之订正,故《别录》十七篇之次序,又与大小戴异。邵懿辰、黄以周必以大戴为最当,殊可不论矣。郑玄注《仪礼》,于文字则今古并用,择善而从;于篇目次第,则用《别录》。唐贾公彦疏之,《大戴》篇目,《士冠》第一,《昏》第二,《士相见》第三,《士丧》第四,《既夕》第五,《士虞》第六,《特牲》第七,《少牢》第八,《有司彻》第九,《乡饮酒》第十,《乡射》十一,《燕》十二,《大射》十三,《聘》十四,《公食大夫》十五,《觐》十六,《丧服》十七。《小戴》则《士冠》第一,《昏》第二,《士相见》第三,《乡饮酒》第四,《乡射》第五,《燕礼》第六,《大射》第七,《士虞》第八,《丧服》第九,《特牲》第十,《少牢》十一,《有司彻》十二,《士丧》十三,《既夕》十四,《聘》十五,《公食大夫》十六,《觐》十七。《别录》则《士冠》第一,《昏》第二,《士相见》第三,《乡饮酒》第四,《乡射》第五,《燕礼》第六,《大射》第七,《聘礼》第八,《公食大夫》第九,《觐》第十,《丧服》十一,《士丧》十二,《既夕》十三,《士虞》十四,《特牲》十五,《少牢》十六,《有司彻》十七。

郑玄《六艺论》云:"戴德传记八十五篇,则《大戴礼》是也;

戴圣传礼四十九篇，此《礼记》是也。”河间、孔壁所得书，皆有《古文礼记》。《汉书·艺文志》云“《记》百三十一篇”，郑玄《六艺论》亦谓“《记》百三十一篇”，则百三十一篇者，《古文礼记》之数也。《释文·叙录》引《别录》：“《古文礼记》二百四篇。”《隋书·经籍志》云：“刘向得一百三十篇，又得《明堂阴阳记》三十三篇，《孔子三朝记》七篇，《王史氏记》二十一篇，《乐记》二十三篇。”则《释文》引《别录》乃兼数《明堂阴阳》等，又脱“十”字耳。百三十篇无《乐记》，今《礼记》有《乐记》，曾子、子思、荀子、公孙尼之类皆在百三十一篇之外，而小戴取之，知小戴即有取于百三十一篇之记，亦必有取于其外者也。四十九篇者，《曲礼》上下、《檀弓》上下、《王制》、《月令》、《曾子问》、《文王世子》、《礼运》、《礼器》、《郊特牲》、《内则》、《玉藻》、《明堂位》、《丧服小记》、《大传》、《少仪》、《学记》、《乐记》、《杂记》上下、《丧大记》、《祭法》、《祭义》、《祭统》、《经解》、《哀公问》、《仲尼燕居》、《孔子闲居》、《坊记》、《中庸》、《表记》、《缁衣》、《奔丧》、《问丧》、《服问》、《间传》、《三年问》、《深衣》、《投壶》、《儒行》、《大学》、《冠义》、《昏义》、《乡饮酒义》、《射义》、《燕义》、《聘义》、《丧服四制》是也。郑玄为之注，唐孔颖达《正义》用之。

《汉书·艺文志》云：“《周官》经六篇，即所谓《周礼》也，来自河间。”六篇者，六官各为一篇：一曰《天官冢宰》，二曰《地官司徒》，三曰《春官宗伯》，四曰《夏官司马》，五曰《秋官司寇》，六曰《冬官司空》，《司空篇》亡，以《考工记》补之。东汉亦有数本，郑玄注采用之，贾公彦为之疏。宋俞庭椿为《周礼复古编》，取五官以补《冬官》，此《四库提要》所讥为“好为异说，终以自蔽”者也。

《汉书·艺文志》云：“《春秋》古经十二篇，经十一卷，公羊、穀梁二家。”古经一公为一卷，今经则以闵公附庄公，何休所谓“子未三年，无改于父之道”也。《汉志》：“《左氏传》三十卷，《公羊传》十一卷，《穀梁传》十一卷。”汉世经、传别行，汉人皆谓左氏不传《春秋》，则古经宜非左氏所传，使为左氏所传，何云不传《春秋》？汉世惟古今二本，今《春秋》反附三传以传，故《春秋》有三本。晋杜预注《左氏》，唐孔颖达为之疏，汉何休注《公羊》，唐以前人徐彦为之疏，晋范宁注《穀梁》，唐杨士勋为之疏。

《汉书·艺文志》云：“《孝经》一篇十八章。”“《孝经古孔氏》一篇二十二章。”师古曰：“刘向以为《庶人章》分为二，《曾子敢问章》分为三，又多一章，凡二十二章。”《汉志》又言：“‘父母生之，续莫大焉’，‘故亲生之膝下’，诸家说不安处，古文字读皆异。”汉代古文无传人，梁代乃有孔安国注，今所传者，唐明皇注，宋邢昺疏。日本传来之《古文孝经》，则伪书耳。

《汉书·艺文志》云：“《论语》古二十一篇，出孔子壁中，两《子张》。”如淳曰：“分《尧曰篇》后‘子张问何如可以从政’以下为篇，名曰《从政》。”又曰“《齐》二十二篇，多《问王》《知道》”，“《鲁》二十篇”。此三家之异也。自张禹兼讲《鲁》《齐》，择善而从，号曰《张侯论》。郑玄又考之《齐》《古》正《鲁》读，魏何晏作《集解》，宋邢昺为之疏。

《汉志》：“《孟子》十一篇。”内七篇，赵岐为之注，外篇遂亡，宋伪孙奭疏。

《汉志》：“《尔雅》二卷，二十篇。”今惟十九篇，晋郭璞注，宋邢昺为之疏。

三　论经学流变

《汉书·艺文志》《白虎通义》皆以五常之道释五经，骤视其言，嫌于比附，肤廓无当，然吾人欲于经义下一总解，实又无以易之。儒者出于司徒之官，人伦之教，其基础也。经学之要义，能外于五常之道欤？故就经学之影响言，乃一整体之经义，非可以专就一经言也。其中亦有偏胜，可得言焉。西汉之经学，可谓之春秋时代之经学也。盖汉代一统，须有其政治哲学，法家尊君卑臣，宜若可也，然其不重教化而废礼义，知尊国家而不重民志，可以图强而不可以安国，故《春秋》兴焉。《春秋》之义，王者无外，人臣无将，既足以建强有力之政府，而又能尊重民意，于汉代政治社会最为适宜，此汉人所以谓《春秋》为汉制作也。宋代之经学，四子书时代之经学也。佛学自汉输入中国，汉末道教亦兴，魏晋南北朝佛道皆盛，其时儒学虽微，尚足与抗，隋唐以后，佛法大盛，道教亦为李唐国教，当时几无谓儒学，宋儒欲中兴儒学，不得不宏阐义理，初犹出入于《易传》《中庸》《乐记》，而无统绪。自程子提倡《大学》，朱子作《大学》《中庸》章句、或问，与《论语》《孟子》集注合为《四书》，内而格致诚正，外而修齐治平，内圣外王之道，粲然大备。子程子曰："《大学》，孔氏之遗书，而初学入德之门也，于今可见古人为学次第者，独赖此篇之存，而《论》《孟》次之，学者必由是而入焉，则庶乎其不差也。"可见宋人尤重《大学》，而辅以《论》《孟》《中庸》，以为儒学之要典也。《日知录》云："自朱子作《大学》《中庸》章句、或问，《论语》《孟子》集注之后，黄氏有《论语通释》，而采《语录》附于朱子《章句》之下则始自黄氏，名曰《集义》，止《大学》一书。祝氏乃放而足之，为《四书附录》，后有蔡氏《四书集疏》、赵氏《四书纂疏》、吴氏《四书集成》。”盖宋儒自有四书，而后经学足与佛、老相抗，宋以后言义理之学虽亦多方，要无出其外者也。其次为西汉中叶以后灾异之学，《汉书·眭两夏侯京翼李传》云：“汉兴，推阴阳言灾异者，孝武时有董仲舒、夏侯始昌，昭、宣则眭孟、夏侯胜，元、成则京房、翼奉、刘向、谷永，哀、平则李寻、田终术。此其纳说时君者也。”阴阳灾异之说大盛于元、成、哀、平之世，累见于诏书及臣下奏议，日食策免三公，灾害罢绌郡守，其力量之大可知也。其次则为魏晋南朝之易学、礼学。六朝以《易》《老》《庄》为“三玄”，不仅为谈论之所宗，亦影响于人之思想态度。六朝礼学，自贺循而下，无虑数十百家，言丧服者尤众。《南史·王承传》云：“时膏腴贵游，咸以文学相尚，罕以经术为业。”《王俭传》云：“先是，宋武为文章，天下悉以文采相尚，莫以专经为业。”而《易》《礼》于斯时独盛者，以《易》与《老》《庄》通流，为玄学之宗，而南朝重门阀，礼为南朝士大夫所业也。其时《论语》之学亦盛，由佛学入中国以后，孔子与佛学之比较，为时人所欲知，故学者喜研求《论语》，皇侃《义疏》所存《论语》遗说，往往以佛义释儒，虽为学者所讥，而《论语》之见重此时，则由于此。其次为唐宋《春秋》之学。唐代藩镇跋扈，故《春秋》之学兴焉，宋人承之，故宋无叛将，然王虽尊而攘夷之功未效也。礼者，所以经国家，定社稷，为法之大分，群类之纲纪，吾国素称礼义之邦，而礼学惟南朝独盛者，何也？以吾先儒重礼意而不重礼文，朝廷之上所争者，皆为虚文末节，仅以粉饰太平而止，而礼意则深入人心，视之若无有，细察之则凡百事为无不原本先王制礼之意，又言政者重人治不重法治，故《春秋》之义炳如日星，而《周礼》一书仅刘歆、苏绰、王安石诸人提倡之耳。自隋唐设进士科以来，文学即代经学而兴，虽有明经一科，不逮进士远甚，故经学盛于两汉，南北朝尚有家法，其时佛学、文学虽盛，经学尚足与抗，自后则日就陵夷，清人始起而振之。夫清庭取士以朱学、以文章，而朴学犹盛者，则以社会之风尚为多，亦犹古学之在东汉、理学之在宋世，皆不赖政府之提倡。然此必有一二大师崛起于其间，然后能转移一世之风尚。故就经学之注释而言，则隋唐以前与隋唐以后迥然不同者，则进士科为之也。然经学影响之大小，并不系于经学注释之盛衰，隋唐以后注释之风虽衰，经学之深入人心并不以此而减，亦犹清代考据之风虽盛，百□法□朱[①]犹为经儒所恪尊，而戴氏《原善》《孟子字义疏证》之作，同时之人犹以为多事也。经学之所以成为经学者，西汉今文学与宋之理学耳。若言注释之功，则以清人为最，而东汉古文学则其导夫先路者焉。言经学之流变，于此荦荦大者，不可以不先识也。

---

①编按：此五字或为“百行法程朱”。

四　论今古学

有今古文，有今古学。今古文者，若《易》有费氏古文之本，有施、孟、梁丘今文之本；《书》有孔壁古文之本，有伏生今文之本；《礼》有鲁淹中古文本与后仓今文本；《春秋》有古经与今经，其余《论语》《孝经》皆有古今异本，《礼记》多取诸《古文礼记》，《孟子》亦为古文，见《河间献王传》。此所谓古今文也。古今文者，若宋元刊本之与今世通行之本，所差在篇章之多寡，文字之异同，宋元刊本不能尽贤于通行之本，则古文亦不必尽优于今文。以文字而论，时有古经文字为借字而今经文字反为本字者，清世小学家已累累言之，亦可以知古文之不定胜于今文也。然而博稽众本，为学者所有事，郑玄之于《仪礼》《论语》，为可师法也。郑君在当时号为博通，其于学择善而从，故能如此。当时专家之学则不然，故《艺文志》云："刘向以中古文《易》校施、孟、梁丘经，或脱去'无咎''悔亡'，惟费氏经与古文同。"又云："刘向以中古文校欧阳、大小夏侯三家经文，《酒诰》脱简一，《召诰》脱简二，率简二十五字者，脱亦二十五字，简二十二字者，脱亦二十二字，文字异者七百有余，脱字数十。"施、孟、梁丘、欧阳、大小夏侯之不能择善而从，明矣。《尚书》有逸篇，而博士以《尚书》为备，《逸礼》三十九篇及《明堂阴阳》《王史氏记》，所见多天子诸侯卿大夫之制，而后仓以下之礼家不能用，乃推《士礼》而上致于天子，此在汉师或由笃守师法，异地而观，皆不免于固蔽也。蒙先生云："郑玄

《三礼目录》云《奔丧》实《逸曲礼》之正篇，汉兴后得古文，而礼家又贪其说，因合于《礼记》耳。又云《投壶》亦实《曲礼》之正篇。是《逸礼》三十九篇，小戴取以入《记》，不谓为经也。《汉书·儒林传》：'客歌《骊驹》，王式曰：在《曲礼》。'服虔说逸诗篇名见《大戴礼》，则大戴亦取《逸礼》以入《记》，亦不谓之经。至孔壁得《逸书》十六篇，孔安国以今文读之，兒宽受学于孔安国，欧阳、大小夏侯三家皆出于宽，则壁中《尚书》，今文家亦见之，刘歆必曰：天汉之后，孔安国献之，遭巫蛊仓卒之难，未及施行，藏于秘府，伏而未发。然《史记》终于太初元年，而《儒林传》已言安国至临淮太守，早卒，是安国已卒于太初之前，乌得谓天汉之后，巫蛊祸起，而安国尚于时献书？此刘歆曲为博士不见壁经之说，而自托于古文以为重。马融谓逸十六篇绝无师说，则孔壁得书，古学家见之，今学家亦见之。今学家不以传于十七篇之《礼》、二十九篇之《尚书》，视以为经而传之，古学家亦莫以传于经而传之，其逸文下及何休、郑玄犹每征用，晋世内府犹秘藏之，而终莫之传者，殆皆以传记视之，不以为经耳。本师廖先生谓《泰誓》为《牧誓》之传，《九共》为《禹贡》之传。《孔子世家》云：'故《书传》《礼记》自孔氏。'盖即谓此《逸书》十六篇、《逸礼》三十九篇，谓之传记而不谓为经也。《论衡》云：'济南伏生抱百篇藏于山中。'《史记》云：'汉定，伏生求其书，亡数十篇，独得二十九篇。'《艺文志》之《书传》四十一篇，生终后，欧阳、张生之所成也。今《书传》有《帝诰》《说命》《高宗之训》《微子之命》《成王政》《揜诰》，则伏生所传非特二十九篇也。鲁恭王坏孔子宅，得《逸书》惟十六篇，而《史记》有《汤征》，《王莽传》有《嘉禾》，《郑志》赵商案《成王》《周官》，则五十八篇外，汉师所见《逸书》犹多。《别录》言武帝末，民间得《泰誓》，而娄敬、董仲舒已先见之，河内、鲁壁即不发见《逸书》，汉师固早传之也。《论衡·逸文篇》：‘成帝读百篇《尚书》，博士郎吏莫能晓。’《正说篇》云：‘张霸空起百两篇献之成帝，帝出所秘书百篇以校之，皆不相应。’此即《汉书·儒林传》所言‘霸以能为百两篇征，以中书校之，非是’事也。明百篇之《书》固未尝亡，特不必百篇为经耳。二《戴记》中有《冠义》《昏义》，此十七篇之记也。有《迁庙》《釁庙》，则十七篇外之《逸礼》也。《古文尚书》殆亦犹是。”蒙先生谓今文师得见《逸书》《逸礼》，以为传不以为经是也，然义无所取。十七篇之《礼》与二十九篇之《书》，高堂生、伏生之仅存者耳。使其所存不止此，亦不以为经乎？《泰誓》与《逸书》何别？《泰誓》可为经，而逸十六篇不可为经，其故安在？刘歆有言：“天下众书，往往颇出。”孔壁之外，未尝无所发见，顾史有遗文，不尽知耳。经学之为经学，原以儒学纳于经文之下而成，有经无说，亦不成其为经学。故汉人重师说，先师所不传，道亦不传也。汉初经师即当时之儒学大师，以其学说传诸其徒，西汉人所谓微言，皆不可著于竹帛，而有触时忌者，吾于《西汉思想之发展》已论之。后师于此已不敢言，于其师说大半遗之，顾于先师所传之经文不敢有所损益，岂理也哉？古学家本后起，当亦缘今学以起义，今学家所不传，古学家亦不传，遂使旧文放佚，惜哉，惜哉！以五经古今文言之，《诗》无古今之异，其余《易》有费氏古文，《书》有孔氏古文，《春秋》与《礼》虽有古经而无传人，有经文有传授者，惟《易》《书》而已。费氏无章句，以彖、象、系辞解说上下经，无异说可知，《古文尚书》则刘申叔先生谓“古文异说，创始桑钦，诠制不同，肇端刘贾”，是则《古文尚书》而成其为《古文尚书》之学者，亦西汉末年之事，故谓西汉有今古文之异本，而无今古学可也。

所谓今古学者，今学则十四博士之说，古学则《左氏春秋》《周官》《毛诗》《古文尚书》也。《汉书·刘歆传》云："及歆亲近，欲建立《左氏春秋》《毛诗》《逸礼》《古文尚书》，皆列于学官。哀帝令歆与五经博士讲论其义，诸儒博士或不肯置对，歆因移书太常博士责让之。"刘歆移书，谓博士抑此三学，以《尚书》为备，谓左氏不传《春秋》。又曰："今圣上德通圣明，继统扬业，亦闵文学错乱，学士若兹，虽昭其清，犹依违谦让，乐与士君子同之。故下明诏，试《左氏》可立不，遣近臣奉指衔命，将以辅弱扶微，与二三君子比意同力，冀得废遗。今则不然，深闭固拒，而不肯试，猥以不诵绝之，欲以杜塞余道，绝灭微学。夫可与乐成，难与虑始，此乃众庶之所为耳，非所望士君子也。且此数家之事，皆先帝所亲论，今上所考视，其为先秦旧书，皆有征验，外内相应，岂苟而已哉。"其意不过欲扶掖微学，非与今学立异也。及其拒于博士，乃愤而创立与博士相反之古学。当歆移书太常，尚未及《周官》也，王莽居摄，乃立《周官》。贾《疏序》谓"《周官》始出，唯歆独识，其年尚幼，务在广博观览，末年始知为周公致太平之迹"，明歆晚年始专据《周官》以与今学为难。《周官》之于《礼经》，《左氏》之于《春秋》，非如《易》之有费氏古文、《书》之有孔氏古文也。其为先秦旧书，虽有征验，而非汉初诸师所传，非西汉人所谓经学。博士于《逸礼》《逸书》尚拒之，何况于《周官》《左氏》乎？《河间献王传》云："献王所得书皆古文先秦旧书，《周官》《尚书》《礼记》《孟子》《老子》之属，立《毛氏诗》《左氏春秋》博士。"是所谓古文学，若《毛诗》《左氏》《周官》者，并在河间也。然汉人经学重师说，当时于《毛诗》之外则无解说，《刘歆传》谓"《左氏》多古字古言，学者传其训诂，及歆引传解经，转相发明，而章句义理备焉"，此杜预所谓"刘子骏创通大义"者也。汉世言

《左氏》本于贾护、刘歆，其后陈元、贾逵、服虔继之，而《左氏》以兴。然脱离《公》《穀》而独立，则杜预也。刘歆尊立《周官》，杜子春从歆受业，发疑正读，郑兴、郑众、贾逵、马融继之，而《周官》以兴。斯二学者，与今学迥异，《周官》与《左氏》亦不能相通，与《费易》《逸礼》《逸书》《毛诗》更无与也。《古文尚书》学之异于《今文尚书》学，始于西汉末年，吾前已言之。《逸礼》本无传人，可以不论。刘歆初欲立《逸礼》，及既得《周官》，于《逸礼》则不重视。《费易》自为说解，始于马融，荀悦谓马融始生异说，是也。毛公所传之《诗》，其经文无异于三家，特《序》多六亡篇，故《艺文志》惟有《毛诗故训传》而无经文，明其同也。《毛诗》既非古文，亦无所谓古学，以不立博士，遂与诸不立博士之旧籍同科耳。经学之成为经学，本由汉初诸大儒以其思想托诸经文而成经说，其治学之态度，不专为注释经文，古文诸师皆后起，主于训释文字，无西汉所谓微言大义。廖先生谓“今学为哲学，古学为史学”，是也。其言制度，则今文师说主《王制》，古文师说主《周官》。廖先生以《王制》统今学，《周官》统古学，是也。此皆就经而言。然古经之异于今经以《周官》《左氏》为著，其经文本在博士所传之外，为古史上有待解决之难题，言今古学，仅能说明汉代经学之历史，而非所论于诸经之本原也。

五　论唐修《五经正义》以前之经学

隋设进士科，取士之法一变，唐初修《五经正义》，乃结束其前之经学，自有经学以来，至此为一段落。

蒙先生曰："史迁言'厥协六经异传，整齐百家杂语'，汉人经学分途非惟今古两家而已。范升言'如令左氏、费氏得置博士，高氏、邹、夹五经奇异并复求立'，亦见五经奇异之多，继古学而再起者，尚难以一二派尽矣。汉之最先立学者，《诗》则齐、鲁、韩，《书》则欧阳，《春秋》公羊，《易》则施、孟，《礼》则后氏，此一派也。宣帝立《穀梁春秋》、《梁丘易》、大小夏侯《尚书》，此第二派也。《左氏春秋》《毛诗》《费氏易》《佚书》《佚礼》，踵起争立博士，此第三派也。《高氏易》，邹氏、夹氏《春秋》，《七略》言《礼》家先鲁有桓生，说经颇异，使古学得立学官，此诸学者势必合力并起而争，则又第四派也。若必以学之同异而论，则宣帝新立四家岂不曰'义虽相反，犹并置之'，十二博士西京之学，东京则十四已自相违异，岂费、左、邹、夹然后为异耶?"汉代经学之派别，蒙先生所言者已尽其大要，当时派别之分，在于立学官与否，此班氏所讥利禄之路然也。夏侯建左右采获，又从五经诸儒问与《尚书》相出入者，张禹先事王阳，后事庸生，采获所安，号《张侯论》，此左右采获而学不纯者也。孟喜改师法，秦恭增师法，此增改师说者也。故《儒林传》称申公弟子许生、徐公皆守学教授，张无故守小夏侯说，郑宽中守师法教授，皆以为难明。其时不守师法者极多，五经博士而增为十四博士，若义无所增益，何烦更立哉？由是可知古文学之无而为有，不足异也。然其渊源所自，《易》祖田何，《书》出伏生，《礼》出高堂生，汉以前传业即异者，《诗》与《春秋》而已。此皆地域之异，亦所谓同源而异流者焉。两汉官师之学，今文为盛，古文行于民间。王莽秉政，刘歆贵宠，于是立《毛诗》《逸礼》《古文尚书》《左氏春秋》于学官。新莽居摄，复立《周官》。此为古学立学之时也。光武中兴，尽去王莽之制，学官亦复西汉之旧，《易》则施、孟、梁丘、京氏，《书》则欧阳、大小夏侯，《诗》则齐、鲁、韩，《礼》则大小戴，《春秋》则《公羊》严、颜二家，所谓十四博士者也。然其时治古学者不衰，杜子春、郑兴、杜林、卫宏其著者也。章帝建初元年，贾逵校书东观，入讲南宫，条奏《左氏》长义，又集《古文尚书同异》三卷，推齐、鲁、韩《诗》与毛氏异同，作《周官解诂》，章帝嘉之，选高才生受古文，亦未立学也。顾古文虽不立学，以大师朋兴，著述繁多，从学者众，亦会其时今学益衰，故古文乘之而起。魏晋以后，今文由此绝焉。龚先生曰："今古学家，其不同者有五，丁宽说《易》惟举大义，申公传《诗》疑者则阙，今文家大率为此。古文晚出，字多奇异，欲明义理，必资训诂，故杜子春、郑兴、众、谢曼卿、卫宏、贾逵、服虔说经之作，皆以训诂、解诂、解谊题名，郑玄之于杜、郑，亦以发疑正读赞之，是今文明大义，古文重训诂，一也。《后汉书·儒林传》所载经生，惟任安兼通数经，景鸾兼治《齐诗》《施易》，余皆以一经著称，古文则贾逵、马融、许慎、荀爽，皆并通五经，其余通一二经者尤指不胜屈，是今文多专经，古文多兼经，二也。今文家讲明师法，不尚著述，范书所载如牟长作《尚书牟氏章句》、伏恭简损《齐诗章句》二十万言、薛汉《韩诗章句》、张匡《韩诗章句》，仅定章句，洼丹作《易通论》七篇、景鸾作《诗解》《易说》、赵晔作《诗细》、杜抚作《诗题约义通》略有著书，古文则郑、贾、马、荀遍注群经，其余注一二经者尤众，是今文守章句，古文富著述，三也。今文如孙期治《京氏易》《古文尚书》、张驯治《公羊春秋》兼《左氏》，兼治古学者甚鲜，古文则郑兴先治《公羊春秋》、尹敏先治《欧阳尚书》，后治《古文尚书》及《左氏》《穀梁》之学、贾逵初以《大夏侯尚书》教授，皆先治今文，后治古学。明、章以后，兼通古今者尤众，是今文多墨守，古文多兼通，四也。范书载今文学家三十余人，大率治经之外无所表见，古文家则桓谭，作《新论》、卫宏，作《汉旧仪》《古文官书》、卢植，作《续汉书》、许慎，作《说文解字》《淮南子注》，撰著博通，张衡、马融、崔瑗、蔡邕尤工词赋，《服虔传》云："所著赋、碑、诔、书记、《连珠》、《九愤》十余篇。"是虔亦文士，特其文不传耳。是今文多朴学之儒，古文多渊雅之士，五也。"观其同异所在，而东汉以后今蹶古兴之故可思矣。

古文学为后起之学术，古学家率先通今学，故东汉古文家皆混合今古，醇粹之古学，至魏晋始完成，蒙先生已尝论之。以治学之态度言之，今学略于训说文字，而古学则以训说文字见长。故通经致用，今学为优；释文正读，古学为最。郑玄虽兼通今古之学，其治学纯为古学精神，况兼通今古，本东汉古文学者之通例。自廖先生论今古学，以混合今古罪郑氏，皮锡瑞承其说而张大之。皮之言曰："范蔚宗论郑君'括囊大典，网罗众家，删裁繁芜，刊改漏失，自是学者略知所归'。盖以汉时经有数家，家有数说，学者莫知所从，郑君兼通今古文，沟合为一，于是经生皆从郑氏，不必更求各家。郑学之盛在此，汉学之衰亦在此。郑君传云：'凡玄所注《周易》《尚书》《毛诗》《仪礼》《礼记》《论语》《孝经》《尚书大传》《中候》《乾象历》，又著《七政论》《鲁礼禘祫义》《六艺论》《毛诗谱》《驳许慎五经异义》《答临孝存周礼难》，凡百余万言。'案郑注诸经皆兼采今古文，注《易》用费氏古文，爻辰出费氏分野，今既亡佚，而施、孟、梁丘《易》又亡，无以考其同异。注《尚书》用古文而多异马融，或马从今而郑从古，或马从古而郑从今，是郑注《书》兼今古文也。笺《诗》以毛为主，而间易毛字，自云若有不同，便下已意，所谓已意，实本三家，是郑笺《诗》兼采今古文也。注《仪礼》并存今古文，从今文则注内叠出古文，从古文则注内叠出今文，是郑注《仪礼》兼采今古文也。《周礼》古文，无今文，《礼记》亦无今古文之分，其注皆不必论。注《论语》就《鲁论》篇章考之《齐》《古》为之注，云《鲁》读某为某，今从《古》，是郑注《论语》兼采今古文也。注《孝经》多今文说，严可均有辑本。所谓郑学盛而汉学衰者，汉经学近古可信，十四博士今文家说，远有师承，刘歆创通古文，卫宏、贾逵、马融、许慎等推衍其说，已与今文门户角立矣。然今学守今学门户，古学守古学门户，今学以古学为变乱师法，古学以今学为党同妒异，相攻若仇，不相混合。杜、郑、贾、马注《周礼》《左传》不用今说，何休注《公羊传》亦不引《周礼》一字，许慎《五经异义》分今文说、古文说甚晰，若尽如此分别，则传至后世今古不杂厕，开卷可了然矣。郑君先通今文，后通古文，其传曰：'造太学受业，师事京兆第五元先，始通《京氏易》《公羊春秋》《三统历》《九章算术》，又从东郡张恭祖受《周官》《礼记》《左氏春秋》《韩诗》《古文尚书》，以山东无足问者，乃西入关，因涿郡卢植事扶风马融。'案《京氏易》《公羊春秋》为今文，《周官》《左氏春秋》《古文尚书》为古文，郑君博学多师，今古文道通为一，见当时两家相攻击，意欲参合其学，自成一家之言，虽以古学为宗，亦兼采今学以附益其义。学者苦其时家法繁杂，见郑君宏通博大，无所不包，众论翕然归之，不复舍此趋彼，于是郑《易注》行而施、孟、梁丘之《易》不行矣，郑《书注》行而欧阳、大小夏侯之《书》不行矣，郑《诗笺》行而齐、鲁、韩之《诗》不行矣，郑《礼注》行而大小戴之《礼注》不行矣，郑《论语注》行而齐、鲁《论语》不行矣。”皮氏归罪郑氏，实由不知今古文与今古学之分，古学之脱离今学而独立尚在其后，郑玄治学纯为古学规矩，故郑玄者，东汉古文学之后劲也。今学在东汉本已衰微，其日就遗亡，复何足怪？后人所不了者，乃经文本身之冲突，而此问题必非西汉师说不亡即可了结之事也。郑玄既遍注群经，当其生存，其学已盛，王粲称为伊洛以东，淮汉以北，康成一人。黄初以后，遂立博士。其时与郑为敌者，则有王肃。蒙先生谓王学出于宋衷，其言曰：“《李譔传》：‘譔父仁与尹默俱游荆州，从司马徽、宋衷等学，譔具传其业，又从默讲论义理，著《古文易》、《尚书》、《毛诗》、三《礼》、《左氏解》、《太玄指归》，皆依准贾、马，异于郑玄。与王氏殊隔，初不见其所述，而意归多同。’《肃传》：‘从宋衷读《太玄》，而更为之解。’则子雍之学本自宋衷。子雍善贾、马之学而不好郑玄，仲子之道然也。譔、肃之学并出宋衷，故意归多同。《刘表传》：‘表在荆州，起立学校，博求儒术，綦毋闿、宋衷等撰立五经章句，谓之后定。’王粲走依刘表，或即在开学之时。潘濬，衷之弟子，表辟为部江夏从事，粲见濬而异之，则三子之在荆州，自系同时，仲宣盖亦尝学仲子之道，闻后定之论，故谓伊洛以东，淮汉以北，郑氏一人而已，莫不宗焉。咸云先儒多阙，郑氏道备，粲窃怪嗟，因求其学，得《尚书注》，退而思之，以尽其意，意皆尽矣，所疑之者，犹未愈焉。颜之推尝说《王粲集》中难郑玄《尚书》事，元行冲云：‘凡有两卷，刻于其集。’《新唐书·志》有郑玄《尚书注释问》，王粲问，田琼、韩益正，是粲为最先攻郑者，而田琼、韩益申郑以正之。仲宣亦传宋衷之业者，南学盖源于仲子之后定，而大于子雍也。”王肃注《诗》，自称述毛，于《周易》《周官》《丧服》《礼记》《论语》《孝经》并有注说，以晋代外戚，其说盛行。其时学者多出入于此二家。两汉博士之学，罕有传者，故永嘉之乱，多就亡佚。东晋渡江，所立博士，《易》则王弼，《书》则孔、郑，《诗》则毛氏，《周官》《礼记》并郑氏，《春秋左氏》并立服、杜二家，《孝经》《论语》共立郑氏一人，荀崧请立郑氏《易》，公羊、穀梁《春秋》，值王敦之乱，不果立，后增立《仪礼》《公羊》博士员，增至十六人。至南北朝，江左《周易》则王辅嗣，《尚书》则孔安国，《左传》则杜元凯，河洛《左传》则服子慎，《尚书》《周易》则郑康成，《诗》则并主毛公，《礼》则同遵郑氏，此蒙先生所谓“南为王学，北为郑学”者也。龚先生论南北经学之异曰：“北朝《易》学，自徐遵明以郑《易》教授，传于卢景裕，景裕传于权会，会传郭茂，自是河朔言《易》者皆出郭氏之门。南朝则自东晋时已惟立王弼，虽齐代王俭用陆澄之言，王、郑并行，然江南义疏十有余家，义多浮诞，此南北《易》学之不同也。北朝《书》学自徐遵明受学王聪，通郑氏注，递传李周仁、李铉、权会，下里诸生略不见孔氏注解，南朝自梅赜献《伪古文》后，咸主孔《传》，齐姚方兴又分《尧典》为《舜典》，并妄增‘曰若稽古帝舜’二十八字，采马、王之注，伪造孔《传》，孔子祛、张讥、费甝为之注疏，此南北《书》学之不同也。传《诗》学者，北朝有刘献之、李周仁、程归则、刘轨思、李铉、乐逊，大抵兼崇毛、郑。南朝则伏曼容、何充、张讥、顾越，多出入于郑、王二家，此南北朝《诗》学之不同也。北朝《礼》学尤盛，徐遵明传郑氏《礼》，从之受业者有李铉、祖儁、熊安生，而铉、安生尤为时所重，又有刘献之，亦精郑氏《礼》学，江左虽亦崇三礼，然何佟之、何承天、沈不害、崔灵恩、皇侃咸兼采郑、王之说，国家典礼亦多用王义，此南北《礼》学之不同也。《春秋左氏》之学，北朝自徐遵明传服氏注，手写永嘉旧本，作《春秋章义》，传其业者有张买奴、邢峙、刘昼、马敬德、张思伯等，而乐逊、李崇祖亦申服难杜，南朝偏崇杜氏，故崔灵恩改说杜义，虞僧诞申杜难服，此南北《春秋左氏》学之不同也。至于《公》《穀》之学，北惟梁祚，南惟崔灵恩、沈文阿，皆兼治三传，非专门之学。《论语》《孝经》，学徒莫不通讲，而徐遵明说《论语》则据郑氏，皇侃疏《论语》则采江熙，梁代《孝经》，孔、郑并行，周、齐惟传郑义，则南北所尚亦殊。”龚先生又论隋唐经学曰：“南北分疆，至隋而一，经学亦然，而刘焯、刘炫集其大成。《隋书》云：‘二刘出类拔萃，学通南北，博极今古，所制诸经义疏，缙绅咸宗师之。’今案：焯、炫同受《诗》于刘轨思，受《左氏传》于郭懋，问《礼》于熊安生，本北学也。然焯著《五经述义》，贾、马、王、郑，多所是非；炫作《诗》《春秋》《论语》《孝经》述义，其自为状，谓孔、郑、王、何、服、杜等注并堪讲授，而《古文尚书》《古文孝经》之孔《传》，皆自炫而始传于北，是其学通南北之证。顾二刘虽为当时宗尚，而经学尚未定于一尊也。唐贞观七年，太宗以五经去圣久远，传习浸讹，诏颜师古考定，颁之天下。十六年，又诏国子祭酒孔颖达与司马才章、王恭等撰《五经义赞》，凡百余篇，后改为《正义》，博士马嘉运驳正其失，更诏裁定。永徽四年，书始布下，明经依此考试。自有经学以来，学凡数变，其始曰今文学，继之而起者曰古文学，南北学者乃古文学之二派也，至隋而复合，而唐之《正义》完成之，两汉经学至此而一结束也。”

六　论宋元明经学

东汉古文之学与宋代经学之异，在乎求之于外与求之于内之不同。求之外者则文献是征，求之内者则义理是从。一为史学，一为心学。此两者，偏任皆非也。《困学纪闻》云："自汉儒至于庆历间，谈经者守训诂而不凿，《七经小传》出而稍尚新奇矣，《三经新义》行，视汉儒之学若土梗。陆游曰：'唐及国初，学者不敢议孔安国、郑康成，况圣人乎？自庆历后，诸儒发明经旨，非前人所及，然排《系辞》，毁《周礼》，疑《孟子》，讥《书》之《胤征》《顾命》，黜《诗》之《序》，不难于议经，况传注乎？'"是庆历为经学大变之会也，然庆历者，新学盛而旧学衰替之会，非新学萌芽于庆历也。蒙先生《史学史》云："唐初之学，沿袭六代，官修五史，皆断代纪传一体，故《汉书》之学，于时独显，与自晋以降善学五经者异也。徒能整齐旧事，无所创明。而中叶以还，风尚一变，则以唐之思想、学术、文艺之莫不变也。曰'宁道孔圣误，不言郑服非'，此唐初《五经正义》之学也。《新书·儒学传》言啖叔佐善《春秋》，考三家短长，缝绽漏阙，号《集传》，赵匡、陆质传之，遂名异儒。大历时助、质、匡以《春秋》，施士匄以《诗》，仲子陵、袁彝、韦彤、韦茝以《礼》，蔡广成以《易》，强蒙以《论语》，皆自名其学。此皆唐之异儒。啖、赵之于《春秋》，亦卢仝'《春秋》三传束高阁，独抱遗经究终始'之意也。施士匄以《诗》，亦以《春秋》，文宗所斥为'穿凿之学，徒为异同'者也。于是人自为学，独重大义，视训诂、章句若土梗。先秦诸子之书，废置已久，至是则有来鹄之于《鬼谷子》，皮日休之于《司马法》，韩愈、柳宗元于《墨子》《列子》《荀卿》《孟轲》，皆颇出入，而杜牧于《孙子》，杨倞于《荀子》，卢重玄于《列子》，其议论尚皆可寻，至《唐志》所载贾大隐、陈嗣古于《公孙龙》，胜辅于《慎子》，杜佑于《管子》，陆善经于《孟子》，皆为之注，尹知章编注《管》《韩》《老》《庄》《鬼谷》，赵蕤作《长短经》，更综纵横、儒、法，自成一家，是皆一反隋唐一统之学，而乞灵于晚周百家之言，诸子之学于是蔚起。其从事六经，亦以诸子之法求之，而义理之途遂启。《太玄》《法言》渐重于世，注者亦多。孟、荀、扬雄、王通之学尊，而郑玄、马融、杜预、何休之俦废矣。凡《隐书》《谗书》《两同书》《化书》《素履》《无能》《伸蒙》《续孟》之作，皆足以见思想解放之风。"蒙先生论唐代学术之变，至为明晰，经学之变，乃其一端。宋之正统由唐之异儒递变成之也。

王旦作试官，不取解"师"为"众"之新说试题为"当仁不让于师"，是宋初于笃守旧义之风尚未息也。然旧派之经学如邢昺、孙奭之疏，皆肤浅无足取，自欧阳修、苏轼、苏辙、孙复、孙觉、刘敞、王安石、程颐之论兴，而后学有可观。宋学之长，在能不为成谈所囿，弊乃在于以义理悬断事实，舍实证而任心知耳。然北宋与南宋又异，北宋儒者大抵深通古义，于古义有所不安，然后断以己意，故虽拨弃古义，犹能自成一家。南宋以后，学者于古义每不屑措意，元明之学风，实南宋开之，故南宋与元明为一期也。此期学风在乎圣人之心，以说经为余事，经学盛而经注衰也。南宋之学，以朱子集其大成，朱学之盛于南宋，求之北宋，无一人可以相比。朱子谓："《五经正义》，《周礼》最好，《诗》《礼记》次之，《书》《易》为下。"非于注疏用力甚深，何能为此言乎？朱子注《论语》

不删重出之章，注《诗》亦存异文于注而不敢改字，犹是古人谨慎之意，独于《大学》移文补传，为启王柏《书疑》《诗疑》之妄诞耳。始程颐作《易传》，以阐明义理，朱子因之作《本义》，兼存象数之学。作《诗集传》，用郑樵之说删去小序。又作《论》《孟》集注、《中庸》《大学》章句。以意授其门人蔡沈为《书集传》。又为《仪礼经传通解》，以十七篇为主，而取大小戴、诸子传记言礼者附之，丧、祭二礼未就，其门人黄榦续成之。程氏门人胡安国作《春秋传》，先已盛行，于是诸经皆有新本。理宗以后，用以取士，然其时天下分裂，北没于夷虏，元兵下江汉得赵复，朱学始行于北，北方学者姚枢、许衡、窦默、刘因翕然从之，元延祐科举条制，《易》用朱子《本义》，《书》用蔡沈《集传》，《诗》用朱子《集传》，《春秋》用胡安国《传》，惟《礼记》犹用郑《注》，虽以新本与古注参用，而道学门户已成，蔑弃古说，不复留意。及明《四书五经大全》出，则举注疏而悉废之，并《礼记》亦废郑《注》而用陈澔，于是学者不复知有古义。论者谓明不如元，元不如宋，岂不信哉！

七　论清代经学

明弘、正之际，姚江良知之学与文士复古之风，同时并作。其后王学大盛，文学亦与并峙。嘉、隆以后，杨升庵、陈耀文、胡应麟、焦弱侯皆以博雅著闻。袁仁之《尚书砭蔡》《春秋胡传考误》，陆粲之《春秋胡传辨疑》，于宋明传统之经学已致驳难。然姚江之学普及平民，笃古洽闻，独一二豪杰之士能之，故清人每谓明人不读书，实则王学以外未尝无学问，特不如王学之众多耳。明末钱谦益始提倡注疏之学。费密言当时注疏惟福建本。方以智著《通雅》，顾炎武著《音学五书》，注疏之学与声音训诂之学为清代经学之根本，皆自明末清初之学者发之，故谓清代经学反对王学则可，谓清学与明学无关则不可。

近人论清代学术率分为三期，其初期则由明末以至顺、康，二期则为乾、嘉，三期则为道、咸以后。初期为清学之启发时代，其精神在于博学于文，经世致用。二期为清学之全盛时代，其治学范围既较初期为狭，而无经世致用之精神。三期为清学蜕变时期，学派分歧，其精神又复转为致用。凡此皆清朝政治之影响也。章太炎师论清儒曰："清世理学之言，竭而无余华，多忌，故歌诗文史楛；愚民，故经世先王之志衰。家有智慧，大凑于说经，亦以纾死，而其术近工眇踔善矣。"清代学术，大底如斯，以论全盛时期之学术尤合。明末诸老痛故国颠覆，受制夷虏，颇归咎于王学之空谈心性，故转为征实之学，以达其经世致用之思，其为学义理文史与经术并重，而归于笃行。康熙之末，故老已尽，雍、乾两朝，文网益密，钳制人心，不得稍有发舒，宫庭演剧，亦惟《封神》《西游》之神话是为，以免于禁忌，其时学者皆新朝之人，少故国之思，当此多忌之世，乃专为考证之学，以求远害，义理文史之学几于绝灭。嘉庆继统，清朝统制力量渐衰，满人统制中国已久，防制之心稍弛，故道、咸以后，学风遂变，其时学者知大乱之将至，乃归咎于考证学之无用，又学术之事有时而穷，才智之士不能不别启途径，故宋学文史复兴，经学之本身则有常州之今文学，其相同之点皆以反于乾、嘉学术之无用是也。以清代经学论之，其始为反宋明以来重言重意之风，而稽考于度数名物，其初在于博览，未尝倡言汉学，而汉学之旗帜非树立不止者，则其操术然也。清人所谓征实者，乃征之于故书，非征之于实事。言书册则汉为近古，故汉学之兴乃必然之事。其治学态度，专以注释书册，亦为东汉古文学之态度，乾、嘉之学实东汉之学也。其所以变者，梁任公论之曰："考证学之研究方法虽甚精善，其研究范围却甚拘迂。就中成绩最高者，惟训诂一科。然经数大师发明略尽，所余者不过糟粕。其名物一科，考明堂，考燕寝，考弁服，考车制，原物今既不存，聚讼终末由决。典章制度一科，言丧服，言禘祫，言封建，言井田，在古代本世有损益变迁，即群书亦末由折衷通会。夫清学所以能夺明学之席而与之代兴者，毋亦曰彼空而我实也。今纷纭于不可究诘之名物制度，则其为空也与言心言性者相去几何？甚至言《易》者摈《河图》《洛书》而代以卦气、爻辰，其矫诬正相类。诸如此类者尚多，殊不足以服人。要之，清学以提倡一'实'字而盛，以不能贯彻一'实'字而衰，自业自得，固其所也。清学家既教人以尊古，又教人以善疑。既尊古矣，则有更古焉者，固所当尊；既善疑矣，则当时诸人所共信者，吾曷为不可疑之。"梁氏之论，于清代今文学之兴起，言之最为明白也。今文学者舍汉人之训诂名物不言，而言汉人之义理制度，由东汉之古文学而上求之于西汉之今文学也。

顾亭林言经学即理学，训诂名物之学即代义理之学而兴，黄宗羲作《易学象数论》，其弟宗炎著《图书辨惑》，毛奇龄作《河图洛书原舛》《四书改错》等书，皆以攻击宋学。张尔岐作《仪礼句读》，陈启源有《毛诗稽古编》，朱鹤龄有《书埤传》《诗通义》《读左日钞》，皆为征实之学。山阳阎若璩作《尚书古文疏证》，定晚《书》之疑，又撰《四书释地》，多易朱说。德清胡渭作《易图明辨》，以辟陈、邵图书，又为《禹贡锥指》，以说地理，虽未若后来之精审，而博大则过之。乾隆之初，尚无汉学之名，有之自惠、戴始，惠学尤笃守汉义。章先生曰："吴始惠栋，其学好博而尊闻。皖南始江永、戴震，综形名，任裁断。此其所异也。先栋时有何焯、陈景云、沈德潜，皆尚洽通，杂治经史文辞。至栋承其父士奇学，揖志经术，撰《九经古义》《周易述》《明堂大道录》《古文尚书考》《左传补注》。弟子有江声、余萧客，声为《尚书集注音疏》，萧客为《古经解钩沈》，大共笃于尊信，缀次古义，鲜下己见。而王鸣盛、钱大昕亦被其风，稍益发舒。教于扬州，则汪中、刘台拱、李惇、贾田祖以次兴起。萧客弟子甘泉江藩，复缵续《周易述》，皆陈义尔雅，渊乎古训是则者也。震生休宁，受学婺源江永，治小学、《礼经》、算术、舆地，皆深通。其乡里同学有金榜、程瑶田，后有凌廷堪、三胡，三胡：匡衷、承珙、培翚也，皆善治礼，而瑶田兼通水地、声律、工艺、谷食之学。震又教经于京师，任大椿、卢文弨、孔广森皆从问业。弟子最知名者金坛段玉裁、高邮王念孙。玉裁为《六书音韵表》以解《说文》，《说文》明。念孙疏《广雅》，以经传诸子转相证明，诸古书文义诘诎者皆理解，授子引之，为《经传释词》，明三古辞气，汉儒所不能理绎。其小学训诂，自魏以来未尝有也。近世德清俞樾、瑞安孙诒让皆承念孙之学，樾为《古书疑义举例》，辨古人称名抵牾者，各从条列，使人无所疑眩，尤微至。世多以段、王、俞、孙为经儒，卒最精者乃在小学，往往得名家支流，非汉世《凡将》《急就》之侪也。凡戴学数家，分析条理，皆参密严瑮，上溯古义，而断以己之律令，与苏州诸学殊矣。”章先生论惠、戴二家之源流同异是也。此二派为清代经学之正统，所谓乾嘉之学，即以此为代表。吴学以□拾古义为多，戴学则优于文字之训诂校勘，故言清学之正统，孙诒让实集其大成焉。今文学者，道、咸以后新起之经学，以与正统之经学相抗衡者也。今文学之始祖为庄存与，庄著《春秋正义》，专言大义，刊落名物训故，与惠、戴并殊，刘逢禄继之，始专主董生、何休，为《公羊何氏释例》。存与犹治《周官》，不务攻驳古文，逢禄始为《箴膏肓》《发墨守评》《穀梁废疾申何》以难郑氏，又作《春秋左氏考证》以攻左氏。宋翔凤与逢禄游，亦喜今文，于《论语》亦以《春秋》说之，仁和龚自珍、邵阳魏默深，皆为今文学，好言经世，康、梁之今文，则此派也。陈乔枞为《今文尚书经说考》《三家诗遗说考》，其父寿祺为《五经异义疏证》，凌曙著《公羊礼疏》，注《春秋繁露》，其弟子陈立乃作《公羊义疏》《白虎通义疏证》，皆为专家之学，而不务攻驳，此犹张惠言之宗《虞易》，陈硕甫之宗《毛诗》耳。廖季平师言今文则尊二陈，此又一派也。刘申叔称廖先生曰“明于《春秋》，善说礼制，魏晋以来未尝有也”，可谓知言。自廖先生作《今古学考》，刘申叔入蜀以后，即治西汉古文学。疏理今文者，则有皮锡瑞。章先生初说《左传》，亦宗贾、服，晚乃专宗杜预。章、刘之学，皆非清学所能范围者也。

八　论读《易》

《四库提要·易类叙》云："圣人觉世牖民，大抵因事以寓教。《诗》寓于风谣，《礼》寓于节文，《尚书》《春秋》寓于史，于《易》则寓于卜筮。故《易》之为书，推天道以明人事者也。《左传》所记诸占，盖犹太卜之遗法。汉儒言象数，去古未远也，一变而为京、焦，入于禨祥，再变而为陈、邵，务穷造化，《易》遂不切于民用。王弼尽黜象数，说以老庄，一变而胡瑗、程子，始阐明儒理，再变而李光、杨万里，又证以史事，《易》遂日启其论端。此两派六宗，已互相攻驳。又《易》道广大，无所不包，旁及天文、地理、乐律、兵法、韵学、算术，以逮方外之炉火，皆可援《易》以为说，而好异者又援以入《易》，故《易》说愈繁。夫六十四卦大象皆有'君子以'字，其爻象则多戒占者，圣人之情，见乎词矣。其余皆《易》之一端，非其本也。"其论说《易》之书分为两派六宗，而论《易》之宗旨归于畜德，以言乎经学之《易》，可谓探本之论也。陈兰甫《东塾读书记》云："《儒林传》云：'丁宽作《易说》三万言，训诂举大义而已。'此班氏特笔也。诂训举大义，凡说经者皆然，岂复有加于此，而此独云训诂举大义而已，若有所减损者。汉时《易》家有阴阳、灾变之说，丁宽《易说》则无之，故特著之也。自商瞿至宽六传，而其说不过如此，有先师家法也。"皮锡瑞《易经通论》云："《淮南子·缪称训》曰：'故君子惧失仁义，小人惧失利，观其所惧，知各殊矣。《易》曰："即鹿无虞，惟入于林中，君子几，不如舍，往吝。"'又曰：'小人在上，如寝关曝纩，不得须臾安，故《易》曰："乘马班如，泣血涟如。"小人处非其位，不可长也。故至德者言同略，事同指，上下一心，无歧道旁见者，遏障之于邪，开道之于善，而民乡方矣。故《易》曰："同人于野，利涉大川。"'《齐俗训》曰：'故《易》曰："履霜，坚冰至。"圣人之见终始。'《氾论训》曰：'自古及今，五帝三王，未有能全其行者也。故《易》曰："小道亨，利贞。"言人莫不有过，而不欲其大也。'《人间训》曰：'今霜降而树谷，冰泮而求获，欲其食则难矣。故《易》曰"潜龙勿用"者，言时之不可以行也。"故君子终日乾乾，夕惕若厉，无咎"，终日乾乾，以阳动也；夕惕若厉，以阴息也。因日以动，因夜以息，惟有道者能行之。'《泰族训》曰：'《易》曰"丰其屋，蔀其家，窥其户，阒其无人"者，非无众庶也，言无圣人以统理之也。'贾谊《新书·容经》曰：'亢龙往而不返，故《易》曰"有悔"。悔者，凶也。潜龙入而不能出，故曰"勿用"。勿用者，不可也。龙之神也，其为蜚龙乎?'《春秋篇》曰：'故爱出者爱反，福往者福来。《易》曰："鹤鸣在阴，其子和之。"'董子《繁露·基义篇》：'《易》言"履霜坚冰"，盖言逊也。'《精华篇》曰：'其在《易》曰："鼎折足，覆公餗。"夫鼎折足者，任非其人也；覆公餗者，国家倾也。'淮南王集九师《易》说者也，贾、董汉初大儒，其说《易》皆明白正大，主义利，切人事，不言阴阳术数。"由陈、皮二氏之论可知《易》言大义，不仅丁将军为然，汉初传记皆然也。《易》本卜筮之书，儒家之《易》则专明义理，此为经学之《易》与卜筮之《易》之区别，清人知辟陈、邵图书之学，不知汉人言阴阳、灾变、卦气、爻辰亦《易》之别传，故言经学则惟言义利，言术数则无不可也。

汉人言《易》始于田何，何传王同、周王孙、丁宽、服光，皆著《易传》。丁宽作《易说》三万言，训故举大义而已。施雠、孟喜、梁丘贺三家皆出于宽，孟喜得《易》家候阴阳灾变书，改师法，焦延寿得隐士之说，而京房传之，其说长于灾变，分六十四卦，更直日用事，以风雨寒温为候，各有占验，与丁宽所传异也。而民间有费、高二家之学，东汉陈元、郑众皆传《费氏易》，马融亦为之传，融授郑玄，玄初受《京氏易》，后受《费氏易》，然玄言乾坤六爻上系二十八宿，依气而应，谓之爻辰，京、费二家皆无之也。汉末刘表为《周易章句》，表受学于王畅。王弼者，王畅后也，为《易注》六卷、《易略例》一卷。弼之说《易》，号宗费氏，排击象数，阐明义理，唐孔颖达作《正义》，用王辅嗣，序称“汉儒传《易》者，西都则有丁、孟、京、田，东都则有荀、刘、马、郑，大体更相祖述，非有绝伦，惟魏世王辅嗣注，独冠古今，所以江左诸儒并传其学，河北学者罕能及之”，然陆澄《与王俭书》谓王弼注《易》，玄学所宗，今若弘儒，郑不可废。王弼《易注》为玄学诚然，若郑玄之《易》果有当于汉初义理之学否，亦未可知。以今所能考见者而言，郑氏之《易》，犹未逮干宝，干宝传京《易》者也。“龙战于野，其血玄黄”，注曰：“爻终于酉而卦成于乾。戌亥，乾之都也，故称龙焉。郭外曰郊，郊外曰野，坤位未申之维，而气溢酉戌之间，故曰于野。文王之忠于殷，抑三二之强，以事独夫之纣，祈殷命以济生民也。纣遂长恶不悛，天命殛之，是故至于武王，遂有牧野之事，是其义。”郑玄《易注》安得有此伟辞乎？唐李鼎祚《周易集解》采三十五家之说，于虞翻所取尤多，自谓“刊辅嗣之野文，补康成之逸象”，《提要》谓王学既盛，汉《易》遂亡，千百年后学者得考见画卦之本旨者，惟赖此书之存。《提要》于史徵《周易口诀义》云：“唐以前解《易》之书，《子夏传》既属伪撰，王应麟所辑郑玄《注》、姚士粦所辑陆绩《注》亦非完书，其实存于今者，京房、王弼、孔颖达、李鼎祚四家及此书而五耳。”然吾谓此五者，仅可为《易》学史之资料，非《易》义之本然也。

宋代《易》学名家，虽不乏人，然不外象数、义理两派，义理之学开于胡瑗，而程子《易传》为极精；图书之学肇端刘牧，而邵雍为大成。《提要》以倪天隐《周易口义》为胡氏之书而倪氏述之，又云其说《易》以义理为宗，则《口义》即胡氏学也。牧之学出于种放，放出于陈抟，而以九为《河图》，十为《洛书》，至蔡元定以十为《河图》，九为《洛书》，朱子从之，作《易学启蒙》，是宋人言图书之异也。程子作《易传》，黜数言理，朱子作《本义》，则兼言象数，盖朱子本好术数之学者也。宋儒《易》学亦有不言理不言数而言事者，则李光之《读易详说》与杨万里之《诚斋易传》，其著者也。宋以来言《易》学当以程子《易传》、朱子《本义》二书为最，明人之《周易大全》即程朱之学也。宋王应麟辑郑康成《注》，明姚士粦辑《陆氏易解》，此则清人言汉《易》之先河焉。

清儒《易》学，务摧宋学，黄梨洲作《易学象数论》，其弟宗炎作《图书辨惑》，胡渭作《易图明辨》，皆所以扫宋人图书之学，然汉《易》尚未树立也。惠士奇作《易说》，力攻王弼之虚言，而谓六十四卦皆实象。汉儒言《易》，孟喜以卦气，京房以适变，荀爽以升降，郑康成以爻辰，虞翻以纳甲，其说不同，而指归则一，皆不可废。其子栋继之，作《易汉学》八卷：《孟长卿易》二卷，《虞仲翔易》一卷，《京君明易》二卷《干宝易》附，《郑康成易》一卷，《荀慈明易》一卷，其末一卷，则所以辨《河图》《洛书》之学者也。栋又为《易例》二卷，以言《易》之本例。又为《周易述》二十三卷，以发挥汉儒之学，以虞翻为主而参以郑玄、干宝诸家之说，融会其义，自为注而自疏之。引据古义，皆有根柢，自王弼《易注》以来，虽间有兼存汉义之书，至此始以汉《易》为徽帜。

张惠言继之，乃专主一家，较之惠氏又为一进步，所作有《虞氏易》九卷、《周易虞氏消息》二卷，又撰《虞氏易礼》《易事》《易候》《易言》及《虞氏略例》，皆以发明虞氏一家之学。又为《易义别录》以存孟、京诸家遗说。言汉《易》历史者，当从此两家入门。惠、张归咎王氏，焦循独明其不然，其大指谓东汉末以《易》学名家者称荀、刘、马、郑，谓弼之学源于王畅、刘表，因作《周易王氏注补》。循有《易学三书》，一曰《易通释》，二曰《易图略》，三曰《易章句》。自谓学《易》所悟得者三，一曰旁通，二曰相错，三曰时行。近人言《易》，恒推此三家之学。

吾以为《易》之成为经学，由其离于象数而进于义理，而后人言经学，反以术数乱之，亦由其本为卜筮之书故耳。汉初《易》学，存者已希，王弼、程《传》，江河不废。而程《传》说理尤明，以经学言，则说《易》之书未有或之先也；从经学史言，则各家皆宜观览考索。汉人《易》说，有惠、张两家之收辑整理，其可知者已不难知，而宋以来说《易》之书，今后学者尤宜致力。《易》之卦爻辞，近人或以史事说之，此乃考古史者所有事也。

九　论读《尚书》

《汉书·艺文志》云："《书》者，古之号令，号令于众，其言不立具，则听受施行者弗晓。古文读应尔雅，故解古今语而后可知也。"古今异言，故治《尚书》者必资于训诂。故清儒之学，于《诗》《书》《礼经》所得独多。蒙先生之论曰："盖三百年间之经术，指清学而言。其本在小学，其要在声韵，其详在名物，其道最适于《诗》《书》。"然章先生言《尚书》经清儒训释以后，其可通者亦十之七八而已。兒宽见汉武帝，语经学，武帝曰："吾始以《尚书》为朴学，弗好。及闻宽说，可观。"乃从宽问一篇。明汉初诸大师《尚书》之学，不徒说解文字，而自有其闳深之义理在也。今伏生《尚书大传》残阙不具，不能究明其义，吾所谓最初之《尚书》学者，盖久已失其传焉。宋蔡沈作《书集传》，于《尚书》之义犹有所明。其言曰："二帝三王治天下之大经大法，皆载此书，而浅见薄识，岂足以尽发蕴奥？且生于数千年之下，而欲讲明于数千年之前，亦已难矣。然二帝三王之治本于道，二帝三王之道本于心，得其心，则道与治固可得而言矣。何者？精一执中，尧、舜、禹相授之心法也；建中建极，商汤、周武相传之心法也。曰德，曰仁，曰敬，曰诚，言虽殊而理则一，无非所以明此心之妙也。至于言天则严其心之所自出，言民则谨其心之所由施。礼乐教化，心之发也；典章文物，心之著也；家齐国治而天下平，心之推也。心之德其盛矣乎！二帝三王，存此心者也；夏桀、商受，亡此心者也；

太甲、成王，困而存此心者也。存则治，亡则乱，治乱之分，顾其心之存不存如何耳。后世人主有志于二帝三王之治，不可不求其道。有志于二帝三王之道，不可不求其心。求心之要，舍是书何以哉?”以心言道，而为治乱之管，固宋学之精神，虽不必合于汉人经义，而自成其为宋人《尚书》之学也。清儒于文字之训释，诚有过于前人，而经学则亡之，吾固不知后之经学将何务也，然必有其义而后可以言经学也。

汉世欧阳、大小夏侯三家之学，并出于伏生，清儒陈乔枞作《今文尚书经说考》，皮锡瑞继之作《今文尚书考证》。所谓三家之学者，既由采摭经史传记而成，不免失之于滥。古文之学，马、郑、王之书，清儒王鸣盛、江艮庭、孙星衍、段玉裁并有采辑，亦所谓存十一于千百耳。然今日不治《尚书》则已，若治《尚书》，则此数家之书，为不可废也。《尚书》之学，《洪范》《禹贡》在昔为专家之学。汉儒《洪范》之学，专言休咎之验，《汉书·五行志》所载者是也。宋儒《洪范》之学，则言天人合一之理。胡瑗有《洪范口义》，《提要》谓“《洪范》以五事配庶征，本经文所有，伏生《大传》以下，逮京房、刘向诸人，遽以阴阳灾异附合其文，刘知幾排之详矣。宋儒又流为象数之学，惟图书同异之是辩，经义愈不能明。瑗生于北宋盛时，学问最为笃实，故其说惟发明天人合一之旨，不务新奇”。朱子颇称苏子瞻、曾子固两家，蔡沈《书传》于《洪范》益穷其蕴。明人之为此学者，则有黄道周之《洪范明义》，其上卷言天人感召、性命相符及好德用人之方，下卷言阴阳相协、彝伦条贯，旁及阴阳历数之务。《禹贡》之学，宋毛晃有《禹贡指南》，引《尔雅》《周礼》《汉志》《水经注》《九域志》诸书，而旁引他说，以证古今山水之原委。程大昌有《禹贡论》，傅寅有《禹贡说断》，皆为专家之学。清儒为此学者，首推胡渭之《禹贡锥指》。渭尝与阎若璩共修《一统志》，得观天下郡国之书，于九州山川形势及古今郡国分合异同，道里远近夷险，犁然若聚米而画沙，自古说《禹贡》之书，未有若是其详赡者也。丁晏尝为《禹贡锥指正误》以纠之，其余若程瑶田《禹贡三江考》、成蓉镜《禹贡班义述》，皆说《禹贡》之良也。

东晋古文之伪，已成定论，此为经学史上一大事，亦学者所当知也。龚先生尝约而言之，曰："疑东晋古文之伪，始于宋吴棫有《书裨传》，今佚不传、朱熹阎氏采朱子《文集》《语录》中疑《古文尚书》之语，编《朱子古文书疑》一卷，元之赵孟頫有《今古文尚书集注》，书佚，序见《松雪斋集》、吴澄有《书纂言》，不注古文，明之郝敬有《郝氏书解》、梅鷟有《古文尚书考异》继之，而大畅于清阎若璩有《尚书古文疏证》、惠栋有《古文尚书考》，其说大旨，不出数端：一则二十五篇文从字顺，不若今文之佶屈聱牙；一则古文篇数不与《汉志》合，篇名不与郑氏所述合；一则《书传》所引逸书，古文皆具采之，而往往失其句读意义；一则古文剿袭经传诸子，无一语无来历。盖自是之后，《古文尚书》之伪，遂成定论。"又云："《伪古文尚书》，其本亦数易。其初用隶体写古文，《伪孔序》所谓'隶古定'，今敦煌石室所得唐人写本《盘庚》《顾命》诸残卷是也。范宁作《集解》，悉改从隶体书之，陆德明《经典释文》所谓'范宁变为今文《集解》'是也。隶书世所通用，故南朝学者即用范宁之本改书孔本，《隋书·经籍志》载《今字尚书》十四卷，孔安国撰是也。唐天宝三年，玄宗命集贤学士卫包改古文为今文，见《唐书·艺文志》及《册府元龟》《文献通考》。则并古文假借通用之字而悉改之，如《尧典》"寅饯内日"改为"寅饯纳日"，《泰誓》"若弗员来"改为"若弗云来"。今世通行本是也。六朝、唐人作义疏者，对孔氏古文言，则称马、郑本为今文，而孔本又自有今文、古文之别，学者所宜知也。自天宝以后，通行改字之本，而旧本藏于秘府，至唐末而遂亡。然陆德明云‘《尚书》之字，本为隶古，既是隶写古文，则不全为古字。今宋、齐旧本，徐、李等音，所有古字，盖亦无几’《经典释文·叙录》，是则所谓古文者，不过如《周礼》《汉书》，略有古字及假借通用之字而已。今敦煌石室所得唐写残叶，正与陆说相合。宋世所传《隶古文尚书》，晁公武《读书志》称吕大防得本于宋次道、王仲至家，公武又刻石蜀中，薛季宣据之作《书古文训》，其书字形诡异，正陆德明所谓‘穿凿之徒，务欲立异，依傍字部，改变经文，疑惑后生’，斯又伪中之伪也。”

十　论读《诗》

皮锡瑞云："《诗》为人人童而习之之经，而《诗》比他经尤难明。其所以难明者，诗本讽诵，非同质言，前人既不质言，后人何从推测？就诗而论，有作诗之意，有赋诗之意。郑君云'赋者，或造篇，或述古'，故诗有正义，有旁义，有断章取义。以旁义为正义则误，以断章取义为本义尤误。是其义虽并出于古，亦宜审择，难尽遵从。三家亡，而《毛传》孤行，义亦简略，犹申公传《诗》，疑者则阙弗传，未尝字字解释。后儒作疏，必欲求详，毛所不言，多以意测，或毛义与三家不异，而强执以为异，轨途既别，沟合无由。"皮氏所言，实治《诗》之大难也。《毛诗》故训，多与《尔雅》扶同。孔子言"多识于鸟兽草木之名"，故治《诗》必先通训诂。训故名物之外，则为礼制、古韵，此亦清儒之所长也。其成书者，若陈启源《毛诗稽古编》，胡承珙《毛诗后笺》，马瑞辰《毛诗传笺通释》，陈奂《毛诗传疏》。采辑三家者，则有陈乔枞《鲁齐韩遗说考》，与《注疏》同为治《诗》之要籍焉。然古所谓诗者，与乐相依为用，《乐》亡而《诗》失，其移风易俗之效，始专资于竹帛。自孔子论《诗》，言"《诗》三百，一言以蔽之，曰思毋邪"，此论《诗》之总义也。"不学《诗》，无以言"，"诵《诗》三百，授之以政，不达，使于四方，不能专对，虽多，亦奚以为"，此言《诗》之通于政事与言语也。其许商、赐二子可与言《诗》，则又以其因《诗》而悟及他义。孟子言读《诗》之法，则主以意逆志。其余传记引《诗》，往往断章取义，不知汉初诸儒其所以说《诗》者为何如也。后世所争，皆在《诗序》，以求《诗》之本义耳。信其有征者，有疑则阙，亦汉师为学之态度。至于所以引发诗义，在古人已不一其方，又何是此而非彼乎？

魏、晋以来，《毛诗》大盛，唐孔颖达作《正义》，《毛传》之外，又惟郑《笺》大行。唐人于《毛序》，亦间有异义，成伯玙是也。自宋以下，《诗序》遂为治《诗》学者争辩之的。至清人崇尚汉学，异义始息。《四库提要》云："案《诗序》之说，纷如聚讼。以为《大序》子夏作，《小序》子夏、毛公合作者，郑玄《诗谱》也。以为子夏所序《诗》，即今《毛诗序》者，王肃《家语注》也。以为卫宏受学谢曼卿，作《诗序》者，《后汉书·儒林传》也。以为子夏所创，毛公及卫宏又加润益者，《隋书·经籍志》也。以为子夏不序《诗》者，韩愈也。以为子夏惟裁初句，以下出于毛公者，成伯玙也。以为诗人所自制者，王安石也。以《小序》为国史之旧文，以《大序》为孔子作者，明道程子也。以首句即为孔子所题者，王得臣也。以为《毛传》初行，尚未有《序》，其后门人互相传授，各记其师说者，曹粹中也。以为村野妄人所作，昌言排击而不顾，则倡之者郑樵、王质，和之者朱子也。然樵所作《诗辨妄》一出，周孚即作《非郑樵诗辨妄》一卷，摘其四十二事攻之，质所作《诗总闻》，亦不甚行于世。朱子同时，如吕祖谦、陈傅良、叶适，皆以同志之交，各持异议。黄震笃信朱说，而所作《日钞》，亦申《序》说。马端临作《经籍考》，于他书无所考辨，惟《诗序》一事，反覆攻诘至数千言。自元、明以至今日，越数百年，儒者尚各分左右袒也，岂非说经之家第一争诟之端乎？"又云："今参考诸说，定序首二句为毛苌以前经师所传；以下续申之词，为毛苌以下弟子所附。"龚先生曰："自郑樵以来，辨《诗序》者多矣，综其可疑最甚者，盖有数端：《国风》中，《卫》《郑》《齐》《秦》多据内外《传》事实为言，《陈》《曹》则属之于《世家》中恶谥之君，羌无故实。至《魏》《桧》之无《世家》可据者，但以为刺时，明为附会。一也。《小雅》六亡篇，《序》释《南陔》之'陔'为'戒'，释《白华》为'孝之洁白'，释《华黍》为'宜黍稷'，释《由庚》为'物由其道'，释《崇丘》为'高大'，释《由仪》为'物得其宜'，显为望文生训，不见本诗。二也。《小雅·楚茨》以下十余篇，惟有颂美之词，初无讽刺之语，即《毛传》中亦多不说讽刺之意，而《序》以为刺幽王。三也。凡若此类，信《序》者虽曲为之说，究不足以服人之心。"

龚先生又论《诗》学之历史云："自《诗》置博士以后，两京《诗》学，悉本三家。逮郑氏为《毛诗笺》，魏、晋之间，其学盛行，而三家遂废。此一变也。郑《笺》多易毛义，王肃作《毛诗注》，自命述毛，又撰《义驳》《奏事》《问难》诸书以攻郑氏。王基、孙毓、陈统，袒分左右，互相是非。至唐贞观撰《正义》，定用郑《笺》，而王、郑之争始息。此又一变也。宋欧阳修、苏辙始非毛、郑，郑樵、王质始攻《小序》。朱子因作《集传》，元、明以来，学者皆宗之。此又一变也。清代汉学家出，陈启源作《稽古编》，申明古义，朱鹤龄作《通义》，笃信《序》说，沿及乾、嘉，并崇古训。此又一变也。今文学兴，龚自珍父子、魏源之徒，皆发明三家遗说以难毛、郑。此又一变也。"

龚先生又曰："朱子作《集传》，改易旧说，盖实有见于《序》说之未安，且其所改者，亦多原本古义，不尽臆说。王应麟《诗考序》具言之。沿其流者，遂乃尽废旧义，甚至取朱子所说为淫诗者，举而删之，王柏《诗疑》。妄矣。汉学诸公，原文字之声类，考训诂，摭秘逸，一洗宋、明空谈之陋，然治《诗》者如段玉裁、马瑞辰、胡承珙、陈奂，诸所著书，皆详于训诂音韵、草木虫鱼，罕能推明大义，斯亦其弊也。《毛传》说大义者本少。三家遗说，什存一二，疏通证明可也，触类引申亦可也。若牟庭相之《诗切》，凿空臆撰，而自以为《鲁诗》；龚橙之《诗本谊》，变乱篇目，无所根据，而自比为三家，恐三家《诗》不任受也。学者取诸家之长而去其短，斯可矣。”

十一　论读三礼

汉世所谓《礼经》，乃今世所谓《仪礼》，大、小《戴》与《周官》，皆不与焉。郑玄兼注《礼经》《小戴》《周官》三书，始有“三礼”之名。《仪礼疏》引郑《序》“著三礼七十二篇”是也。其后阮谌之《三礼图》，王肃之《三礼音》，崔灵恩之《三礼义宗》，皆以“三礼”名。皮锡瑞云：“汉《礼经》通行，有师授而无注释，马融但注《丧服》经传，郑君始全注十七篇。郑于礼学最精，而有功于《礼经》最大。向微郑君之《注》，则高唐传《礼》十七篇，将若存若亡而索解不得矣。《周官》晚出，有杜子春之《注》，郑兴、郑众、贾逵之《解诂》，马融之《传》。郑注《周礼》，多引杜子春、郑大夫、郑司农，前有所承，尚易为力。而十七篇前无所承，比注《周礼》六篇为更难矣。大、小《戴记》亦无注释，郑注《小戴礼记》四十九篇，前无所承，亦独为其难者。向微郑君之《注》，则《小戴礼记》四十九篇，亦若存若亡而索解不得矣。”盖不仅三礼之名始于郑氏，三礼之学得传于今，亦郑氏之力也。两汉立学，皆以《仪礼》。东晋以后，言丧服者虽众，而《仪礼》竟不立学。唐人明经虽曰三礼，而《五经正义》则惟《礼记》。宋以后，专以《礼记》为经，治《周礼》者犹不乏人。《仪礼》在明，竟成绝学。清儒详于名物训诂，故《仪礼》《周礼》皆有新疏，而《礼记》成书者又鲜。然其治《周礼》之所重，与宋、元、明之《周礼》学又异。清代汉学诸儒，能明其大义者，独有江慎修一人而已。其后今文学兴，《周礼》又成为众矢之的，此又与宋、元以来疑《周礼》之风气相同。

邵懿辰谓冠、昏、丧、祭、射、乡、朝、聘八者，礼之经也。冠以明成人，昏以合男女，丧以仁父子，祭以严鬼神，乡饮以合乡里，燕射以成宾主，聘食以睦邦交，朝觐以辨上下，天下之人尽于此矣，天下之事亦尽于此也，而谓十七篇为完书。夫十七篇之不备，汉人已言之，邵氏以此八者释《礼经》十七篇，则可谓得其统领也。郑以礼学著，尤精于《仪礼》，贾公彦《疏》亦能发明经注，陈兰甫已言之。朱子注经，多异旧说，而为《仪礼经传通解》，往往全录郑、贾之文，盖征实之学，不可以理推求，必须有所本也。由此可知汉、宋本是两途，专精各异，相非者不可，调和者亦不必也。元敖继公作《仪礼集说》，始改易郑义。清褚寅亮作《仪礼管见》以申郑驳敖，《提要》称敖书“逐字研求，务畅厥旨，实能有所发挥”，可谓持平也。清人于《仪礼》所得独多，张尔岐为《仪礼句读》，吴廷华为《仪礼章句》，张惠言为《仪礼图》，凌廷堪为《礼经释例》，胡培翚撰《正义》以集其大成。陈兰甫论读《仪礼》之法，曰分节，曰绘图，曰释例，此三者，清儒已为之，故唐人以《仪礼》为难读，张之洞反谓三礼中《仪礼》最易治，则所遇之时异也。龚先生湛深经学，尤精于《仪礼》，其《三礼述要》，条理分明，实治《仪礼》者所当先也。

清代经学之盛，而注《礼记》者，止杭世骏《续礼记集说》、朱彬《训纂》、孙希旦《集解》诸书，且皆未精善。盖清儒不为义理之学，而《礼记》则多言义理故也。廖先生尝谓《戴记》为深山穷谷，人迹罕到之处甚多，作《分撰两戴记章句》一书，将《戴记》分类而治，其所分容可商议，其法为不可废也。《礼记》一书，与古史传记诸子相通，不仅为《仪礼》之附庸而已。分类之法，前人已为之，如刘向《别录》分为通论、制度、吉事、丧服、祭祀、乐记、明堂阴阳、世子法各类，孙炎为注，以类相从，魏徵复广之为《类礼》。朱子又以《冠》《昏》《乡饮》《射》《燕》《聘》《丧服小记》《大传》《丧大记》《服问》《间传》《奔丧》《问丧》《曾子问》《檀弓》《祭义》诸篇附于《礼经》，以《曲礼》《内则》《玉藻》《少仪》《投壶》《深衣》为一类，《王制》《月令》《祭法》为一类，《文王世子》《礼运》《礼器》《郊特牲》《明堂位》《大传》《乐记》为一类，《经解》《哀公问》《仲尼燕居》《孔子闲居》《坊记》《儒行》为一类，《学记》《中庸》《表记》《缁衣》《大学》为一类。然《礼记》往往一篇之中，又复杂出，此《礼记》之难治，较他经为尤甚也。《礼记》集合诸子传记而成，故昔贤多分篇而治，此法亦可承用。《礼记》多言礼意，为中国文化之精髓，疏通证明，引申阐发，有赖于后贤之致力，故不仅作一新疏以与清代新疏相配而已。解经之书，以《注疏》为最，而两宋诸儒之说，多在卫湜之《礼记集说》焉。

《周官》晚出，刘歆晚年始知为周公致太平之迹，而何休、临硕则颇疑之。杜子春于《周官》注释有开创之功，二郑、贾、马继之，郑玄集其大成。至宋世，苏辙、晁说之、胡宏、叶适、黄震并起攻难，清末今文学者复扬其波。《四库提要》于《周礼注疏》云："《周礼》一书，上自河间献王，于诸经之中，其出最晚，其真伪亦纷如聚讼，不可缕举。惟横渠《语录》曰：'《周礼》是的当之书，然其间必有末世增入者。'郑樵《通志》引孙处之言曰'周公居摄，六年之后，书成归丰，而实未尝行。盖周公之为《周礼》，亦犹唐之显庆、开元礼，预为之以待他日之用，其实未尝行也。惟其未经行，故仅述大略，俟其临事而损益之。故建都之制不与《召诰》《洛诰》合，封国之制不与《武成》《孟子》合，设官之制不与《周官》合，九畿之制不与《禹贡》合'云云，其说差为近之，然亦未尽也。夫《周礼》作于周初，而周事之可考者，不过春秋以后。其东迁以前三百余年，官制之沿革，政典之损益，除旧布新，不知凡几。其初去成、康未远，不过因其旧章，稍为改易，而改易之人，不皆周公也，于是以后世之法窜入之，其书遂杂。其后去之愈远，时移势变，不可行者渐多，其书遂废。此亦如律令条格，率数十年而一修，修则必有所附益。特世近者可考，年远者无征，其增删之迹，遂靡所稽，统以为周公之旧耳。迨乎法制既更，简编犹在，好古者留为文献，故其书阅久而仍存。此又如《开元六典》《政和五礼》，在当代已不行用，而今日尚有传本，不足异也。”龚先生曰：“盖此书乃六国时博雅君子因周制不存，据己意采简册摹略为之，意在草定典制，以俟后世，故不惮与《诗》、《书》、传记龃龉。”本廖先生说。二说皆通方之论，而无由证明其必然。要之，其为先秦故书，不可诬也。

清儒《周礼》之学，以孙诒让集其大成，学者推为清代新疏之冠，非虚美也。以言乎《周官》制作之精意，则宋儒为不可废。王安石《新义》而外，其著者，若宋郑伯谦之《太平经国之书》、叶时之《礼经会元》、不著撰人之《周礼集说》诸书，皆学者所宜致力。

通考三礼之书，徐乾学《读礼通考》、秦蕙田《五礼通考》最为繁博，二书取材不专为经学，亦史学所须也。江永《礼书纲目》，因《仪礼经传通解》而作，有条不紊，最得要领，然纂录旧文，未遑考说，其长处亦在此。近世黄以周撰《礼书通故》，综贯群经，下以己意，用力最勤，而于学者用功，反不及江书之便。故通考三礼之书，以江书为最有法度也。

十二　论读三传

说《春秋》大义者，最早为孟子。孟子曰："《春秋》，天子之事也，是故孔子曰：'知我者其惟《春秋》乎，罪我者其惟《春秋》乎。'"又曰："王者之迹息而《诗》亡，《诗》亡然后《春秋》作。晋之《乘》，楚之《梼杌》，鲁之《春秋》，一也。其事则齐桓、晋文，其文则史，其义则丘窃取之矣。"盖孔子假史文以著义，而寓一王大法于史事之中，故孟子比孔子作《春秋》于禹抑洪水、周公兼夷狄，以孔子作《春秋》继舜、禹、汤、文、武、周公。赵注《孟子》，以素王义释之，空设一王之法，即《孟子》"有王者起，必来取法"之意耳。龚先生曰："孟子明言孔子作《春秋》。则《春秋》是作而非述。孟子明言其事、其文、其义，则《春秋》重义不重事，是经而非史。盖史者据事直书，为其事而止。经则以义为主，凡所纪之事，皆以明义，苟无当于义者，虽大事不悉书；苟可以见义者，虽小事必具录。此《春秋》之为经所以与史异也。自古文学兴，直以《春秋》为纪事之史，且以《左氏》五十凡皆周公旧典，孔子据以笔削，则是孔子之于《春秋》，但有钞录校勘之劳，不可谓之作。且时日不详，始末不具，纪事之史，从无阙略如是者。"又驳章先生"经史分部始于荀勖，以今文学家异《春秋》于史为非"之说曰："不知经史之异，在性质不在形貌。以太史公之闳意眇旨，犹自谓整齐故事，不敢拟于《春秋》，又知经史自有区别。徒执目录家经史部录之法言之，于义无当也。"《太史公书》不妨附

《春秋》家，而《春秋》自非《史记》之比。又曰："董仲舒曰：'孔子知时之不用，道之不行也，是非二百四十二年之中，以为天下仪表，贬天子，退诸侯，讨大夫，以达王事而已矣。曰：我欲载之空言，不如见之行事之深切著明也。'案：所谓'行事'，即《春秋》所书二百四十二年之事实也。孔子知道不行而作《春秋》，斟酌损益，立一王之法，以待后世，然不能实指其用法之处，则其意不可见。即专著一书，以明立法之意，仍是托诸空言，故不得不借当时之事，以明褒贬之义。即褒贬之义以为后来之法，如借鲁隐之事以明让国之义，借祭仲之事以明知权之义，借齐襄之事以明复仇之义，借宋襄之事以明仁义行师之义，非予鲁隐、祭仲诸人作佳传也。明乎借事托义之旨，乃可以读《春秋》也。"又曰："《史记·十二诸侯年表序》曰：'孔子明王道，干七十余君莫能用，故西观周室，论史记旧文，兴于鲁而次《春秋》。约其辞文，去其烦重，以制义法，王道备，人事浃。七十子之徒，口受其传指，为其有所刺讥褒讳挹损之文辞，不可以书见也。鲁君子左丘明惧弟子人人异端，各安其意，失其真，故因孔子史记，具论其语，成《左氏春秋》。'案：此言《春秋》有经无传之故，及《左氏传》之所由作，皆至明确。《春秋》之经，非有传说不能明，孔子既有所隐辟，不自为书，又古代简策繁重，著录至难，故但以经旨口授诸弟子。汉初始著竹帛，而有《公羊》《穀梁》二传。而世代辽远，口说流传，不能无所异同，且不能无所失遗。然就所传者观之，固皆《春秋》之微言大义。舍二传而求《春秋》之义，是欲出而不由户也。"

《春秋》之义，赖《公》《穀》以传，有所遗妄，亦宜有所增益，故有二传之同异，乃同源而异流。求《春秋》之义，自当于二传求之，而二传亦不尽《春秋》之本意。汉初经义，惟《公羊》尚存，以有董生之《春秋繁露》与何休之《公羊注》，《白虎通义》

《五经异义》亦多《公羊》说。言汉初之经义，惟《公羊》犹在耳。清代之《公羊》学所张皇者，汉初之经义耳，然又不尽《公羊》本义，清儒于此不能知也。《公羊》之学，何《注》而后，有徐彦《疏》，学者以为六朝人作。清代治《公羊》学者，始于庄存与之《春秋正辞》、孔广森之《公羊通义》，自刘逢禄作《释例》及《解诂笺》，始成为专门之学。凌曙有《公羊礼疏》《繁露注》，陈立为《义疏》，康有为有《春秋笔削大义微言考》《春秋董氏学》。庄、刘以及康氏皆喜汉儒非常异义之论，实董、何之学，与《公羊》不尽合也。用力最深而所得最多者，则为廖先生之《公羊何氏解诂三十论》与《公羊补证》二书。《穀梁传》，唐初犹有汉尹更始《章句》、魏糜信《注》，今皆不传，惟范宁《集解》独存，杨士勋为之疏。清代有许桂林之《时日月例》，侯康之《礼证》，柳兴恩之《大义述》，钟文烝之《补注》。廖先生有《穀梁古义疏》《起起废疾》《释范》诸书。世以廖先生为治《公羊》，实则其《穀梁》之学，用力尤深。二传之学，谓之前无古人可也。《左氏》本非解经之书，引传解经，乃刘歆以后之事，其五十凡不可信据。汉注皆肤引二传，盖解经不能不依二传以起义也。自杜预《集解》始专据《左氏》为说，自谓“简二传而去异端”，然犹未能尽。魏、晋以后，今文学绝，《左氏》孤行，南北所争惟服、杜之《注》而已。清儒顾炎武、惠栋、洪亮吉、梁玉绳皆有所补注，臧寿恭、李贻德则辑《左传》古说，刘申叔先生之言《春秋》，则欲为《左氏》古学者也。然《左氏》究为史籍，宋程公说之《春秋分纪》、清顾栋高之《春秋大事表》、马骕之《左传事纬》、高士奇之《左氏纪事本末》，以治史之法治之，为允当也。啖、赵以后，《春秋》之学，事用《左氏》，义或取之《公》《穀》，不能以二传绳之，谓之唐、宋之经学可也。

诸子概论

序　一

《庄子·天下篇》论古之治方术者，自墨翟、禽滑釐以下，凡十余家，其原皆本六经。内圣外王之道，郁而不明，深悲夫百家之往而不返者，必不合矣。异代之后，道法儒墨形名阴阳之言，并存于世，而学者言六艺，必折衷于夫子。盖汉之兴也以纵横，其嗣尚黄老，又其嗣尚形名法术，其端屡更，弊亦相代。盖不待仲舒发策，而上下亦渐厌之矣。说者以武帝罢除百家，尊宠六经，为涂民耳目，锢蔽心智，与嬴秦异术同工。然则内极声色，外逐利欲，任桑、孔以搜粟算缗者，何尝出于六经乎？是知伪经术不足以诋诃真诸子也。嗣是以来，学者盘旋胶绕于六艺，目不睹先圣之原，而妄托于经以自侈。外无键而不闭，中无主而不留。于是方士乘之，则见袭于数术；佛氏乘之，则托援于道学。揉杂班驳，儒术遂为世诟病，而六经且束高阁。远洋神怪力乱之说，方将迎尘而尸祝之。怀宝迷邦，沿门托钵，可不悲哉。向使后世学者知百家之说原不异于六经，藉其同者以相和，异者以相攻，合异以为同，散同以为异，则六经之光芒，以磨淬而愈耀，而诸子百家之学，亦灿烂迭兴，各有所明，皆可为用，是时为帝者也，何可胜言。李君源澄，为吾蜀廖大经师入室弟子，明于六经故训，时从余论难百家语，更以其得于六经者通诸子，寻源导窍，批吭捣虚，虽古之治方术者不能过也。李君方继此而有进，未敢画，爰书数语贻之。伍非百。

序　二

始余识李君源澄于蜀，君游吾友盐亭蒙文通尔达之门，请益于井研廖先生，以是通六经故训，深于礼，文通时时为余称道之。其后余与文通主讲大梁，君亦来止。同舍淳安邵次公瑞彭，精畴人之术，君又从肄业。既二年，渡江，谒宜黄欧阳先生，受诵内典。余每归省，君必来吾家，相与上下议论，未尝不惊服其博洽，愧余终无以益君也。君论诸子书，钩玄提要，一归之经。余曰：昔昌黎韩氏，以辩生于末学，非师道之本，谓“孔墨必相用”。“相用”云者，犹孟子“归斯受之”之说。君辨百家异同，以明相用之需，斯可谓得间者矣。微君之博，莫能约，故言之确也。君既列为八篇，将以传布，乞余序。因书夙所语君者于耑，并著其治学渊源，以告世之读君书者。金陵卢前。

孔　子

孔子之道，不可以方体论，强为之容曰大。老子曰："道大，天大，地大，王亦大。"故必德配天地，而后以大称之。孔子曰："大哉尧之为君。惟天为大，惟尧则之，荡荡乎，民无能名焉。"达巷党人之称孔子，亦曰："大哉孔子，博学而无所成名。"道无不在，故不可名。孔子曰："君子不器。"惟所用之无不宜之谓也。颜渊赞孔子曰："仰之弥高，钻之弥坚，瞻之在前，忽焉在后。"子思作《中庸》以昭明祖德，其言曰："仲尼祖述尧舜，宪章文武，上律天时，下袭水土。譬如天地之无不持载，无不覆帱；辟如四时之错行，如日月之代明。万物并育而不相害，道并行而不相背。小德川流，大德敦化。此天地之所以为大也。"胥以喻其广大不测者焉。宰我曰："以予观于夫子，贤于尧舜远矣。"子贡、有若并曰："自生民以来，未有夫子也。"岂阿其所好者哉？孔子德配天地，故不可得而名。虽然，天地之运转密移，人固莫得而觉也。若其四时消息，风雷雨露，未尝不可以见其迹象，孔子之道亦犹是尔。由尧舜至于周初，制度文物，由质而文，可少概见，至于学术思想，初无大变。孔子当邪说横行之时，故直指本心，以救其失，于是伦理道德，终古不灭。古者学在官府，职有司存，厉王板荡，纲纪大乱，畴人子弟分散，故礼坏乐崩，史文放失。孔子修撰六艺，私人授徒，于是齐民可得而学。孔子虽述而不作，中国文化则实自孔子开之。

孔子于旧教之新解

儒家者流，出于司徒之官，司徒之教，故书所记，始于唐虞。《尧典》命官，使契为司徒，敬敷五教。夫人伦者，自然之伦序，既曰“自然之伦序”，复何俟于教乎？儒者明之曰：“以先知觉后知，以先觉觉后觉也。”曰“觉”云者，非自外而加之，引发之谓耳。孟子曰：“舜居深山之中，与木石居，与鹿豕游，其所以异于深山之野人者几希。及其闻一善言，见一善行，若决江河，沛然莫之能御。”又曰：“大舜有大焉，善与人同，乐取于人以为善。自耕稼陶渔以至为帝，无非取于人者。取诸人以为善，又与人为善者也。”又曰：“舜为法于天下，可传于后世。”是孟子之意，以中国伦理之教，起于虞舜。孟子是性善论者，欲说明伦理起源，不得不有人昌之，而又不能与仁义礼智非由外铄之旨相背。闻一善言，见一善行，若决江河，沛然莫之能御，所谓“取人为善”也。取人之善，而固执之，复以为法于天下，所谓取诸人以为善，又与人为善者也。使此言出自荀子之口，则直曰“礼义生于圣人之伪，非故生于人之性也”，何用此哉。古之圣人以神道设教，故一切道德伦理根据，皆在于天，天讨天秩之类，难以殚举。春秋以来，民智渐开，而旧日所以维持世道人心者，遂不为人所信任。庄子称引老子之言曰：“仁义，人之性与？”即其言不必出于老子，亦可以略窥其时之思想。孔子欲维持奕世相传之伦理，不得不更为之说明，于是昔日之根据于天者，今更反求于本心。其答宰予问三年之丧，则曰：“食夫稻，衣夫锦，于女安乎？”其解骖以赙旧馆人，则曰：“遇于一哀而出涕，予恶夫涕之无从也。”悉以心安为归。而礼义法度，胥由中出，匪自外作，当世之疑，无足以诘难之也。此义至孟子而益明。故伦理之教，经孔孟之阐发，根于人心，历万古而不磨。国之为国，人之为人，尽被其赐。使伦理之教传于天下者舜也，而发扬光大之者孔子也。先圣后圣，其揆则一。

孔子前后德目之同异

孔子以前，道德之目，皆就事立名，故无一贯之道，《尧典》之言五教，《皋陶谟》之言九德，《洪范》之言三德，皆是此类。自孔子明心，则德有万殊，于心则一。今综合四子书中所言德目，以明其效。凡言仁者，就其发心言也。所谓圣者，则仁之极致，而仁未足以尽之。故曰："何事于仁，必也圣乎。""学不厌，智也；教不倦，仁也。仁且智，夫子既圣矣。"以生生不已之心为仁，此仁之大名也。中心恻隐爱人亦为仁，此对智勇诸德而言，仁之细名也。有爱人之心，不可不有济人之术；有济人之术，不可不有自强不息之力，此所谓仁智勇也。故《论语》或独言仁，或兼言仁智、仁勇，而仁实为之源。《中庸》则承继孔子，而标智、仁、勇三者以为大德之目。《孟子》书中，或言仁义，或言仁义礼智，或言仁礼智乐，名虽有异，义则相通。孟子曰："仁之实，事亲是也；义之实，从兄是也；智之实，知斯二者弗去是也；礼之实，节文斯二者是也；乐之实，乐斯二者。"又曰："恻隐之心，仁之端也；羞恶之心，义之端也；辞让之心，礼之端也；是非之心，智之端也。"实则仁义礼智，犹仁义也。礼者仁之用，义者智之藏。郊社之礼，所以仁鬼神；禘尝之礼，所以仁昭穆，是礼即仁之用也。是非之心智之端，义者宜也，先有是非之心，而后事得其宜，是义为智之藏也。孔子曰："仁者必有勇。"老子曰："夫慈故能勇。"《韩非·解老》曰："仁者，谓中心欣然爱人也。其喜人之有福，而恶人之有祸也，生心之所不能已也。”是勇亦出于仁心。《论语》曰：“见义不为，无勇也。”《中庸》曰：“知耻近乎勇。”孟子曰：“羞恶之心，义之端也。”是勇又出于义也。然则勇有二端：一发于不忍之心，一发于羞恶之心。发于不忍，则勇于为善；发于羞恶，则勇于改过。羞恶之心，与不忍之心，皆就心之发于事而异名，其实一心也。谢上蔡有羞容，程明道谓此即恻隐之心，即此意。“如好好色，如恶恶臭。”此勇之二端也。孟子曰：“乐之实，乐斯二者，乐则生也。生则乌可以已，乌可已则不知足之蹈之，手之舞之。”是乐即勇之异名。故凡此数端，皆可以一仁贯之，是又与古之就事立名者异其旨趣。

本　仁

孔子与前世道术之同异，既大略明白，今再言孔学之大凡。孔子之学，以仁为本，以位为依，以中为极。今先言仁。樊迟问仁，子曰：“爱人。”孟子曰：“恻隐之心，仁之端也。”恻隐之心，生于不忍。孟子曰：“人皆有所不忍，达之于其所忍，仁也。”不忍牛之觳觫，而曰以羊易之；不忍孺子之将入于井，而起恻隐之心。见牛之时，不知有羊，不知大小；见孺子将入井之时，非欲要誉，非欲纳交，惟是此恻隐之心充塞其间。故《韩非·解老》曰：“仁者，生心之所不能已也，非求其报也，故曰上仁为之而无以为也。”宋人即指此时为天理之流行。能充此心，则仁覆天下也。人与牛异类，而孺子与我非亲，吾心犹不忍其死，况于父母兄弟尊者贤者乎哉？礼义由此一念起，人伦由此一念立也。以此存心，则不忍人之心；以此行事，则不忍人之政，故君子无终食之间违仁，造次必于是，颠沛必于是。存之为人，去之为禽兽。道二，仁与不仁而已。以一言曰仁，以二言曰忠恕，此孔子一贯之道也。孔子曰：“忠恕违道不远。”道不可言诠，不远即几于道也。以此心事父则孝，以此心事长则弟，以仁心加诸位而异其名。孟子曰：“爰举斯心加诸彼而已矣。”在心曰仁，在事曰中，仁而后有中，复藉中以显仁。两者同出而异名，不可不审。人何以梏亡此心？曰：私。私者自营，以有我故。孔子曰：“毋我。”毋我者，非独无我，亦无人也。无人无我，惟是此心之行乎其所不得不行。所谓无人无我者，非无人我之位，无人我之私而已。于此有二难焉。无私我之心，可以损己以利人乎？曰：损己利人与损人利己交非中道。如以吾之金钱而救人之生命则可，以吾之生命而救人之生命则不可，何也？彼陷于死，得生幸也，不得生正也。我无死道，以彼而死，在我则不应死而死，在彼则死人以自生，是两伤焉。古之人有行之者，权也，必其有不得不如此而后可也。又曰：然则爱邻人之兄若其兄，可乎？曰：兄弟之相爱也，非虚加之也，以亲之一体，而生相爱之道。邻人与吾何缘而生此相爱之心。其爱之也，当有差等。以爱吾兄之心而推及之则可也。孟子曰：“老吾老以及人之老，幼吾幼以及人之幼。”又曰：“善推其所为而已。”此儒墨之辨矣。

依　位

善恶是非之立，胥依于位，无位则善恶是非不可得而言。如有父子之位，于是有孝慈之德；有君臣朋友之位，于是有忠信之德。故位者分也，人与人间之分界。人与人之间，既有自然之秩序，即有自然之道德。父子、君臣、朋友，皆位也；父慈子孝、君仁臣忠、友信，皆德也。此即所谓中，而其所以孝慈仁忠信者，仁心之发也。故一切道德以是为根本，己位不定，则无人位，混然一物，不可名状也。庄周之破执，即以破位为始。《齐物论》曰：“夫道未始有封，言未始有常，为是而有畛也。请言其畛。有左有右，有伦有义，有分有辩，有竞有争。此之谓八德。”此破诸家之执于一是而云然尔。若夫人己相与之道，故未尝尽毁，曰：“惟是不用而寓诸庸。庸也者用也，用也者通也，通也者得也，适得而几也。”而终之曰：“庄周梦为胡蝶，则栩栩然胡蝶也，俄然觉，则蘧蘧然周也。周与胡蝶则必有分矣。”为庄周则蘧蘧然，为胡蝶则栩栩然，方其梦也，且各有分，不相杂乱，而况非梦者耶?《大学》曰：“在止于至善。为人君止于仁，为人臣止于敬，为人子止于孝。为人父止于慈，与国人交止于信。”至善之德，必缘于位而后起也。

致　中

中者道德之极致，无过不及之名也。《论语》曰：“允执其中。”《中庸》曰：“执其两端，用其中于民。”所谓中者，至善之称，非折中之中也。唯达节之圣人，然后能之。仁心加于位，而得其至善，即谓中道。故中道者，即仁之致尽。其所以谓之中道者，以其无一定之成名，而应物皆得其宜。守先王之礼法，不失矩度，此所谓守节也。守节而未至于达节，则不能应变。孔子曰：“可与立，未可与权。”立谓守节，权谓应变。孟子曰：“由仁义行，非行仁义也。”谓不拘于仁义，而能适合于仁义。“伯夷，圣之清者也；伊尹，圣之任者也；柳下惠，圣之和者也。”清者不能任和，和者亦不能任清，可谓“行仁义”，而不可谓“由仁义行”。孟子之称孔子曰：“可以仕则仕，可以止则止，可以久则久，可以速则速。”又曰：“孔子，圣之时者也。”孔子之自述，亦曰：“我则异于是，无可无不可。”又曰：“从心所欲，不逾距。”孔子之所以能至此者，亦如轮扁之于轮，庖丁之于牛，为之精熟之效也。《易》曰：“寂然不动，感而遂通天下之故。”心者应万变而不穷，如明镜之于形，岂有所逃者？及其既熟，则左右应变无方。《中庸》曰：“不勉而中，不思而得，从容中道，圣人也。”微孔子，无足以任之。儒家以中道为极则，佛家以方便为究竟，皆是此意。

政治思想

孔子有德无位，虽未施于政事，其志可少概见。子路曰：“愿闻子之志。”子曰：“老者安之，朋友信之，少者怀之。”此仁心之所发也。子贡问曰：“如有博施于民而能济众，如何，可谓仁乎？”子曰：“何事于仁，必也圣乎。尧舜其犹病诸。”博施济众，虽由仁心发端，充其量则圣德之事，大同之道是也。故曰“尧舜其犹病诸”，是孔子之所志，故不仅至于尧舜而已。大同之治，不可以一朝企及，故先自小康始。礼让为国，小康之极盛，由此而可以臻于大同之域。故孔子言政，皆就小康而言。《礼运篇》曰：“故天不爱其道，地不爱其宝，人不爱其情。故天降膏露，地出醴泉，山出器车，河出马图，凤凰麒麟，皆在郊棷，龟龙在宫沼，其余鸟兽之卵胎，皆可俯而窥也。则是无故，先王能修礼以达义，体信以道顺，故此顺之实也。”儒家以大同为归，而不废小康者，此其故也。至于孔子为政之大要，于《论语》中亦略可考见。“子适卫，冉有仆，子曰：‘庶矣哉。’冉有曰：‘既庶矣，又何加焉？’曰：‘富之。’曰：‘既富矣，又何加焉？’曰：‘教之。’”又曰：“不患寡而患不均，不患贫而患不安，盖均无贫，和无寡，安无倾。”其意在使民家给人足，而后兴礼让。盖孔子政治思想，不图富民而已，而其本在于礼教。故又曰：“能以礼让为国乎，何有？不能以礼让为国，如礼何？”子贡问政，子曰：“足食足兵，民信之矣。”子贡曰：“必不得已而去，于斯三者何先?”曰：“去兵。”子贡曰：“必不得已而去，于斯二者何先?”曰：“去食。自古皆有死，民无信不立。”其意可想见矣。当时言政者，不过欲以政齐民，兵强国富而止。孔子于此数者，虽未尝废，固不止于此。子曰：“道之以政，齐之以刑，民免而无耻。道之以德，齐之以礼，有耻且格。”是不止于政刑之验也。孔子为政，首重以身率下。孔子曰：“为政以德，譬如北辰，居其所而众星拱之。”又曰：“无为而治者，其舜也与。夫何为哉?恭己以正南面而已。”季康子患盗，孔子对曰：“苟子之不欲，虽赏之不窃。”季康子问政，子曰：“子为政，焉用杀?子欲善而民善矣。君子之德风，小人之德草，草上之风必偃。”孔子之所谓德化者，非废刑之谓，上以身先之，而下相摩成俗，如有不可化者，然后执而戮之，以生道杀人，虽死不怨杀者。礼乐刑政四者，皆治之具，不可偏无。儒家独明于礼乐者，当时皆苟且之政，以为专尚政刑，即可为治，儒者虽言礼乐，固不废刑罚也。世无真儒，以宽懦为德化，故法家矫之以严峻，然商韩之书详于束下，而略于人君之修养，是其所短。人君暴戾于上，而假法以虐民，使民无所措手足，其极也，必有土崩瓦解之虞，不如儒家之长久也。儒家与道法二家最相反异者，犹有举贤一事。孔子曰：“举直错诸枉，则民服。举枉错诸直，则民不服。”又曰：“举直错诸枉，能使枉者直。”又曰：“举贤才。”盖举贤者，自古登进之路也，观于《尧典》，已可概见。唐虞三代，关于荐贤之事，不可缕举。惟其弊，朋党援引，蔽贤害政，所谓忠者不忠，贤者不贤。墨家于此，亦同于儒家，惟墨家更有甚者，即天子以下皆出选举。道家不尚贤，盖鉴于其弊而发之耳，其登庸之道，则无明文。法家不尚贤，师道家之意也，而其办法则曰“循名课实，将率必起于卒伍，宰相必起于州部”，其长处在少流弊，机会均等，其短在不能汲收贤才，而易含容庸才。

即以汉唐而论，汉之荐举，其所得人才，实较唐行科举之制为优。盖科举取决于一时，而选举则取决于平时。科举之制，奇才异能之士往往不得申，而所得皆平庸之才，不过其流弊稍愈耳。荀子言："无德不贵，无能不官，选贤与能。"有二者并重之意，其办法何若，则不可知也。孔子为政之要，大体如此，孟荀之徒，虽有推阐，要不能离此。

礼乐之意

礼乐之起，由仁心生也。《乐记》曰："乐者天地之和也，礼者天地之序也。和故百物皆化，序故群物皆别。"又曰："知乐则几于礼也。"《孔子闲居》云："礼之所至，乐亦至焉。"《祭统》曰："夫祭者，非物自外至者，自中出生于心也，心怵而奉之以礼。"《乐记》曰："凡音之起，由人心生也。"又曰："乐者心之动也。"礼者情之饰也。"乐者情之不可变者也，礼者理之不可易者也。"《中庸》曰："仁者人也，亲亲为大。义者宜也，尊贤为大。亲亲之杀，尊贤之等，礼所生也。"《乐记》曰："是故先王本之情性，稽之度数，制之礼义，合生气之和，道五常之行，使亲疏贵贱长幼男女之理，皆见于乐。"此孔门后学发明礼乐本于仁心之证也。然此皆就礼乐之情言，若礼乐之文，诸书所记，则礼以法地，乐以象天；仁近于乐，义近于礼；乐著大始，礼居成物；乐主于和，礼主于敬，既已成象，用斯异焉。凡有血气生知之属，则有喜怒哀乐之情，故先王兴礼乐以文之，所以别于禽兽。《曲礼》曰："今人而无礼，虽能言，不亦禽兽之心乎。"《乐记》曰："知声而不知音者，禽兽是也。知音而不知乐者，众庶是也。"是言礼乐之切于人用也。孔子曰："兴于《诗》，立于礼，成于乐。"孔子之人格教育，一以礼乐为归。

然孔子之所尤重者，礼乐之意也。故又曰："礼云礼云，玉帛云乎哉。乐云乐云，钟鼓云乎哉。"孔子虽未尝制作礼乐，而明礼乐之教，以垂示后世，其烈盖伟于制作。盖礼乐之文，有时而穷；礼乐之情，则万古不渝。乐在汉世，已不能言其义，后世并其铿锵鼓舞之技，亦且失传。礼乐并行，缺一不可，况礼文残阙，学者所习，不过以为文章考据之用，其能躬行实践者，盖不数睹，是礼虽有存者，与亡一间耳。其所以维持人心者，特旧日之风俗习惯尚未尽泯，校之以礼，又多乖异。无识之徒恶其害己，横相攻难，集谤《礼经》，即幸而言中，亦时地使然，非一成不可变者，况皆徒逞胸臆，一无所知，滋为学术之害而已。

学与教

孔子干七十余君不能用，仁政无所设施，故终其身以学与教为事。子贡问于孔子曰："夫子圣矣乎？"孔子曰："圣则吾不能，我学不厌而教不倦也。"子贡曰："学不厌，智也；教不倦，仁也。仁且智，夫子既圣矣。"子曰："若圣与仁，则吾岂敢。抑为之不厌，诲人不倦，则可谓云尔已矣。"又曰："默而识之，学而不厌，诲人不倦，何有于我哉。"孔子既常以此自许，子贡亦以此为孔子之圣德，可知二者为孔子之志，为孔子之终身事业。《论语》首章即曰；"学而时习之，不亦说乎？有朋自远方来，不亦乐乎？人不知而不愠，不亦君子乎？"骤然读之，未免过于平常，细意绎之，此数语者，实孔子晚年自述之语。"学而时习之"，好学不厌也；"有朋自远方来"，诲人不倦也。知教与学为孔子之终身事业，则知孔子之悦此乐此为不虚矣。《中庸》云："君子依乎中庸，遁世不见知而不悔，惟圣者能之。"与《论语》云"人不知而不愠，不亦君子乎"，同为孔子而发，不过一为孔子之自述，一为子思赞扬圣德之辞。孔子自述过为谦抑，得子思之言对照，而义方明，故知此三言者于孔子晚年生活，实已包容尽致。孔子师表万世，始立学者，释奠于先圣先师，四时释菜于先师，学者入学，即宗师仲尼。然孔子所学者何学也？是不可以不晓。孔子尝谓“学而时习之”“学而不厌”“好古，敏以求之者”“信而好古”。《中庸》谓“祖述尧舜，宪章文武”，故可为说曰：“孔子所好之古，学尧舜文武之道。”《孔子世家》载孔子所师事者众，何者为尧舜禹汤文武之道耶？孔子虽多能，而不以多能为贵，曰“吾少也贱，故多能鄙事”。告子贡曰：“赐也，女以予为多学而识之者欤？”曰：“然，非欤？”曰：“非也，予一以贯之。”告曾子曰：“参乎，吾道一以贯之。”孔子虽多能，而自谓有一贯之道，不以多能为贵。曾子释一贯之义曰：“夫子之道，忠恕而已矣。”再征之孔子所许为好学者，惟颜子一人，一则曰：“回也，其心三月不违仁。”再则曰：“回之为人也，择乎中庸，得一善则拳拳服膺而弗失之矣。”孔子所许为好学之人如此，则孔子所好之学可知也。《中庸》曰：“君子依乎中庸，遁世不见知而不悔，惟圣者能之。”圣者非即孔子耶？又曰：“诚者不勉而中，不思而得，从容中道，圣人也。诚之者，择善而固执之者也。”从容中道之圣，非即依乎中庸之孔子耶？执善固执之贤，非即择乎中庸之颜回耶？故知孔子之学，仁学也，忠恕之学也。《论语》言：“博学于文，约之以礼。”《中庸》言：“博学，审问，慎思，明辨，笃行。”故孔门之学，虽始于博学穷理，归根则在躬行实践，学孔子之学，固当勉力于斯也。孔子既以此学，即以此教。孔门四科，以德行居首，而次以文学、言语、政事，曰：“弟子入则孝，出则弟，谨而信，泛爱众，而亲仁，行有余力，则以学文。”“子以四教，文行忠信。”凡此皆可以见孔子对于教育目的。其施教也，则循循然善诱人，有教无类，类者，贵贱贫富阶级。故远近来学。官学变为私学，贵族教育变为平民教育，于是平民倔起，如颜渊、子路、原宪之徒，以白屋之士，皆得受高等教育，此中国学术一大转变之关楗也。惟中庸之道费而隐，夫妇之愚可以与知，其至则圣人有所不知；夫妇之不肖可以能行，其至则圣人有所不能。孔子虽以此教，惟颜子三月不违仁，拳拳服膺而勿失，余子则日月至焉而已。孔子教亦多术，各视其性之所近而道之，视其性之所短而救之，然皆圣人之一体，惟冉牛、闵子、颜渊具体而微。观《论语》所记门人问答之辞，胥依人为说，而问仁者尤众，其所答皆异，以皆仁之一体也。孔子不轻以仁许人，诚恐执此一端以为仁之具体也。近世学校之弊，师生如同路人，虽学风之偎靡有以致之，司教者亦不能不分谤也。

孔子对于中国文化关系

孔子开启后代文化者，犹有二事：一为撰述六艺，一为私人讲学。孔子以前，学术掌之史官。夏之将亡，太史终古，抱其图籍，出亡之商；殷之将亡，太史向挚，抱其图籍，出亡之周。是以国家虽亡，文献犹在。孔子生周之衰，惧图籍散逸，礼坏乐崩，自卫返鲁，知道之不行，乃考订《礼》《乐》，《雅》《颂》各得其所，修《易》序《书》，制作《春秋》。《王制》言："乐正崇四术，顺先王《诗》《书》《礼》《乐》以造士。"是古之教育，即以《诗》《书》《礼》《乐》为教本。孔子之于《诗》《书》《礼》《乐》比诸乐正所掌如何，今不可得知也。墨子言："诵《诗》三百，歌《诗》三百，舞《诗》三百。"今四家所传三百五篇，其数略同，想无大异。《诗》《礼》《乐》本相连系，《乐》之辞见于《诗》，《乐》之节具于

《礼》。《礼经》在汉世所传仅十七篇，合逸礼始成五十六篇之数。《礼器》言："经礼三百，曲礼三千。"《中庸》言："礼仪三百，威仪三千。"究系何指，后儒说者虽众，实难揣测。孔子之于《礼经》编次如何，亦不可知。孔子删《书》百篇，据《书纬》而云尔。二十九篇，伏生能传之数也；五十八篇，孔壁所得书之数也；百两篇，张霸伪书之数也。孔子删《书》之目，亦难具晓。盖此数经者，孔子即有所编次，与旧日所传，谅不相远。惟《易》与《春秋》，则孔子精心之作。《易经》本卜筮之书，自文王演《易》，始寓人事之义，观三《易》卦序之异，可以知也。孔子赞《易》而义始著，是卜筮之书变而为义理之书者，孔子力也。故今日之《易》虽出于羲、文，而义则出之孔子。《春秋》者，鲁史之名，经孔子笔削，而其义迥殊，如冰出于水，冰实非水也。孟子曰："王者之迹熄而《诗》亡，《诗》亡然后《春秋》作。晋之《乘》，楚之《梼杌》，鲁之《春秋》，一也。其事则齐桓、晋文，其文则史，其义则丘窃取之矣。"公羊子曰："主人习其读而问其故，不知已之有罪焉尔。"盖孔子因《春秋》之文，而自为义例，其字义词例，与常文殊，褒贬损益之词即寓其中，故有赖于口授。《公羊》引不修《春秋》，则知《春秋》旧文与此异也。盖《易》与《春秋》皆孔子因仍旧文而寓以新义，《易》以明天人之理，《春秋》则专言人道，后世言史者以《春秋》为史，如以史视《春秋》，则直断烂朝报耳。故孔子之于六经，其功尤在于《易》《春秋》，《诗》《书》《礼》《乐》则述而不作也。欲知孔子私门授徒之功，当知周之学制。古者即诸侯亦不得擅立学校，《王制》云："天子命之教，然后为学。"是其证也。又曰："司徒修六礼以节民性，明七教以兴民德，齐八政以防淫，一道德以同俗，养耆老以致孝，恤孤独以逮不足，上贤以崇德，简不肖以绌恶。命乡论秀士，升之司徒曰选士，司徒论选士之秀者而升之学曰俊士，升于司徒者不征于乡，升于乡者不征于司徒，曰造士。”何休《公羊解诂》云：“中里为校室，选其耆老有高德者，名曰父老，十月事讫，父老教于校室，八岁者学小学，十五者学大学。其有秀者，移于乡学。乡学之秀者，移于庠序。庠序之秀者，移于国学，学于小学，诸侯岁贡小学之秀者于天子，学于大学，其有秀者，命曰造士。”《汉志》略同何说，不引。《王制》何休所述周之学制，较前虽进，然周以防御诸侯过甚，故学不普及。诸侯既待天子命之教，然后敢为学，诸侯之国学，对于天子大学，亦称小学，小学之秀者，必贡于天子，贡士不善，则有绌罚，所以防诸侯之强大也。天子大学然后得见四术，诸侯之学不得见，抑又可知。庶民必待事讫然后入校室，作之师者，虽曰耆老有高德，因其少有知识者已升于天子，其教育之低，可以想见。诸侯之学以下，所教不过《王制》所言“节民性”“兴民德”“防淫”“同俗”诸端而止耳。《王制》所言为畿内之制，不言校室，从司徒起，何休所言，则由畿外诸侯之校室以至于天子之大学。《王制》所言司徒，当何休所言庠序。《王制》司徒论选士之秀者而升之学，当何休所言诸侯之学。《王制》于“曰造士”上有脱文，以意补之，当为“论学之秀者升于大学曰造士”，则可通也。自孔子播六艺以教，于是前之大学生所不及见者，平民皆得见之，前后相县，不啻霄壤之判。又值其时世族崩溃，齐民踵兴，南亩之失耕者，皆奔命于学问，以致贵显。周末学术之盛，有由来矣。孔子之道，以仁为本，以中为极，以位为依，为学为政胥出于仁心，因不得行其志，乃撰述教学终其身，其教泽之远，谓中国文化自孔子开之，亦无不可。

孟　子

由孔子至孟子百有余岁，世变日亟，人心日死。春秋诸侯邦交，大国尚假仁义以为会盟，小国仅藉礼义以守社稷，战国之世，此风泯然绝矣。攻伐为能，竞进无厌，贪饕之风炽，廉耻之义尽，心术之害，不辨香臭，妾妇之行盈天下，而守道者绌矣。故孟子正人心，息邪说，明性善之义，严出处之道，诚有所不得已焉。孟子曰："乃所愿，则学孔子也。"此孟子自标其宗也。孔子之道，以仁为本，孟子亦曰："君子亦仁而已矣，何必同。"言虽万殊，一仁而已。

论　性

孔子曰："性相近也，习相远也。"综孟子言性之旨，皆由此发端，世俗习闻性善之义，而不深察其所由，曷能知其持论之精乎？善恶者后天相待之名，性之本体，则言语道尽，然欲上求其源，则非论性不备。孟子道性善，有由矣。春秋以来，学者已多致疑于奕世相传之礼法，读道家言，可深明此派思想。孔子之答宰予问三年之丧，即反求本心，已启孟子坛宇，故孟子言性，实衍孔子之绪，时异势殊，能无因时而变乎？与孟子论性最烈者，无如告子，告子之所主者，曰"性无善无不善也"，而论性与义之关系，则曰"性犹杞柳，义犹桮棬。"孟子之论性，合义而言之也。孟子曰："子能顺杞柳之性而以为桮棬乎？将戕贼杞柳而后以为桮棬也？如将戕贼杞柳而后以为桮棬，则亦将戕贼人以为仁义与？率天下之人而祸仁义者，必子之言夫。”孟子之言性善者，明仁义礼知胥发乎性，而非桎梏人性。从告子之说，则不免强人性以就礼义，故曰：“率天下之人而祸仁义者，必子之言。”痛之深矣。“性可以为善，可以为不善。”“有性善，有性不善。”皆当时之反孟学说也。前说主于教化，后说主于不可移。一偏于习，一偏于性。孟子曰：“乃若其情，则可以为善矣，乃所谓善也。若夫为不善，非才之罪也。恻隐之心，人皆有之。羞恶之心，人皆有之。恭敬之心，人皆有之。是非之心，人皆有之。恻隐之心，仁也；羞恶之心，义也；恭敬之心，礼也；是非之心，智也。仁义礼智，非由外铄我也，我固有之也。”其意在说明仁义礼智非由外铄，本有其端而已。尧舜桀纣皆人也，而善恶殊焉，是非人性可以为善可以为不善耶？自性善言则人皆可以为尧舜，自性恶言则人亦皆可以为桀纣，然而天下之善人少，不善人多，不善人多而耻为不善人，是人性之向善不可诬矣。《道经》曰：“人心之危，道心之微。”荀子曰：“义与利，人之所两有。”张横渠以下，侈言义理之性与气质之性，持说虽异，以人性有善不善之分则同。吾尤深契乎《乐记》之言也，曰：“人生而静，天之性也。感于物而动，性之欲也。物至知知，然后好恶形焉。好恶无节于内，知诱于外，不能反躬，天理灭矣。”《乐记》以无思无为之时为性，《中庸》所谓“喜怒哀乐之未发谓之中”也，何可以善恶名之哉？人生而有欲，以养其体，予取予求，无度量分界，则侵害他人。人欲非不善，无节方为恶也。恒情囿于形骸之内，私我之心，扩充无极，荀卿所谓“顺是故争夺生而辞让亡，顺是故残贼生而忠信亡”者也。故孟子言求仁之道曰“强恕”。程伊川言：“公是仁之理。”由此可见人之不善，由私心太重，能节之以礼，无不善也。

尧舜既为人之极致，故可以言“性善”，可以言“人皆可以为尧舜”。孟子曰：“故凡同类者，举相似也，何独至于人而疑之？圣人与我同类者。”相似云者，大体相同之意，与孔子“性相近”之义同。若其气禀之厚薄，故有不同，凡物皆有然者矣。孟子虽言性善，不过言其端可以为善耳，曰：“恻隐之心，仁之端也；羞恶之心，义之端也；辞让之心，礼之端也；是非之心，智之端也。人之有是四端也，犹其有是四体也。凡有四端于我者，知皆扩而充之矣，若火之始然，泉之始达。苟能充之，足以保四海。苟不充之，不足以事父母。”而其归本于集义养气，择术又为集义养气之权舆，故曰：“苟得其养，无物不长。苟失其养，无物不消。”又曰：“尧舜，性之也；汤武，身之也；五霸，假之也。久假而不归，乌知其非有也。”其下手之处，与荀卿无弗同。言性善则主尽性，言性恶则主化性，殊途而同归焉。若上求礼义之原，而不知性善，则礼义直桎梏人性之具耳，夫何足贵？此孟子所以言良知良能也。不学不虑，与近世心理学家所谓直觉相近。孺子将入于井，而生恻隐之心；见堂下之牵牛，而起觳觫之心，其时有丝毫计度之念可存于其间耶？心者感于物而动者也，当其寂然不动之时，故不须安排，方动之时，亦不容计度，此心之周流无碍，则仁之熟矣。“心之官则思。”思者，即所以反求此心、体认此心而已。圣人者，仁之至熟也，故发而皆中节。“由仁义行，非行仁义。”孔孟之行，处处合于中道，因物为制，而曲得其宜。常人则局于一隅，执于一端，由此心无此境界耳。故孟子曰：“君子之所为，众人固不识矣。”岂非然哉。

论　政

“己欲立而立人，己欲达而达人。”政者，达此仁心之工具而已。孟子曰："以不忍人之心，行不忍人之政。"又曰："老吾老以及人之老，幼吾幼以及人之幼。"皆推举斯心加诸彼而已。《记》曰："天下为一家，中国为一人。"有此心量，而后可以言仁政也。孟子曰："民之所好好之，民之所恶恶之。"此言上之所以治民也。又曰："乐民之乐者，民亦乐其乐。忧民之忧者，民亦忧其忧。"此言下之所以事上也。孟子言政，发乎至性，与乎当世以诈遇民偷取一时者，宜乎如持方枘圆凿，其不见容于暴君污吏无惑矣。尊周攘夷，春秋霸者之策略，孔子作《春秋》亦因之，时使然也。民主政治之思想，盛于墨子，孟子虽斥墨，而其政治思想则与墨子为近。墨子"尚同"之义，以民从君，以君从天，与《春秋》之义同，故墨子虽言天子出于选举，而寓民意于天志之中。至公言以民意为主者，则自孟子始。孟子曰："得乎丘民而为天子。"虽曰"天子能荐人于天"，而以诸侯之朝觐、人民之讼狱讴歌为判，故孟子之时，尊周之思想已为陈迹，其政治思想在民而不在君，在百姓之生计而不在一国之富强。滕文公最能尊信孟子者也，孟子语之曰："有王者起，必来取法，则为王者师也。"滕文公为当时之诸侯，孟子教之为王者师，盖滕在当时已不能自存，勉之为王者之事，不幸而亡，尚可为后王取法，盖其宅心在天下人之福利，不暇为一家一人计也。滕文公问曰："滕小国也，间于齐楚，事齐乎？事楚乎？"孟子曰："是谋非吾所能及也，无已，则有一焉，凿斯池也，筑斯城也，与民守之，效死而民弗去，则是可为也。"其意以为君主之去留，当以民意为本，不能以人君之威力而强人民以守其国，如人民受君之恩而愿与死守则可也，此孟子之创说也。滕文公问曰："滕小国也，竭力以事大国，则不得免焉。"孟子答之，一则"太王迁岐"之事，再则曰："世守也，非身之所能为也，效死勿去，君请择于斯二者。"效死勿去，此古义也。《春秋》之义，国君一体，诸侯死社稷。去国，亦孟子之创说也。君子不以其所以养人者害人，君与土地，皆所以养人也，可以养人者反害人乎？不知孟子民主政治之思想，则必訾其无用也。孔子为政之方略，曰富与教，又曰："不患寡而患不均，不患贫而患不安。"孟子论政，亦本于此，曰："五亩之宅，树之以桑，五十者可以衣帛矣。鸡豚狗彘之畜，无失其时，七十者可以食肉矣。百亩之田，勿夺其时，八口之家可以无饥矣。谨庠序之教，申之以孝悌之义，颁白者不负载于道路矣。老者衣帛食肉，黎民不饥不寒，然而不王者，未之有也。"孔子之时已有贫富不均之现象，故曰"患不均"，孟子则归罪于暴君污吏，漫其经界，是当时侵占民田之事，已不可讳，其主因则在好战，而以土地奖战士。以秦例之，概可想见。秦人虽号奖励耕战，而所富则在战士，久之农人直战士之奴，殆彷佛于高欢之以鲜卑人出战，中国人为之耕织也。故孟子言王政必始井田，曰："夫仁政必自经界始，经界不正，井地不均，谷禄不平，是故暴君污吏，必漫其经界。"以滕文公言"今将行王政，齐楚恶而伐之"，实可以反证孟子言诸侯"恶其害己而皆去其籍"之不虚。后世疑孟子者则谓井田之制不可复行，谓为迂阔，是大惑也。伊古以来论井田者，未有以为制之不善，所争在当时情势能行与否，井田之制必行于地旷人稀之时，已成公论。综观先秦故书，随处可见人不足于地，井田之制不见用于时，非其制之不善，不适于暴君污吏之兼并与疾于富强耳。

论政体

孟子之所以所如不合者，井田之制不适于帝国之富强，虽其一因，而其最大扞格，则民主政体是也。孟子曰："民为贵，社稷次之，君为轻。得乎丘民而为天子，得乎天子为诸侯，得乎诸侯为大夫。诸侯危社稷则变置。”大夫之得变置，当时已然之效也，天子不得人民之拥戴，则无以王天下，故孟子以汤放桀、武王伐纣为诛一夫。朝觐讼狱讴歌为天命之攸归，古代天子实出于诸侯之共推，虽天子得以封建诸侯，不过灭前代之诸侯，以封兴朝功伐与懿亲耳。孟子之言实与墨子相近。其为世袭与否，虽无明文，以世臣推之，则天子诸侯亦必世袭。其义有数：天子诸侯世袭，制难卒变，一也；前定则不争，而选贤可以假借，二也；世袭则视国如家，视民为子，无盗窃之事，三也；世袭则以君求臣而责重，《郊特牲》云："男子亲迎，男先于女，刚柔之义也。天先乎地，君先乎臣，其义一也。"选贤则受民委任而责有分界，四也。权利取重，絜害取轻，故仍世袭之制焉。虽主天子诸侯世袭，其去留则操之于民。井田之制行则民富，民富则易教，教行而化成，君主垂拱而无为也。自君上言之，所与谋国者皆贤哲之人，而无与为非也。汤之于伊尹，桓公之于管仲，本非常制，孟子以此非常之事为常制，曰："故将大有为之君，必有所不召之臣，欲有谋焉，则就之，其尊德乐道，不如是不足与有为也。故汤之于伊尹，学焉而后臣之，故不劳而王；桓公之于管仲，学焉而后臣之，故不劳而霸。"孟子于君臣之关系，有师、友、臣三等之分，有"先师而后臣"者，有"师友而不臣"者，有"纯臣"者。师而不臣，则无官守，无言责，曾子之居武城是也；先师而后臣者，伊尹、管仲是也。人君终日与贤人处，染化而不自知，故曰："惟大人为能格君心之非，君仁莫不仁，君义莫不义，君正莫不正，一正君而国定也。"人臣既纵分为三等，又横分为同姓、异姓。国之起源，基于宗族，故同姓之卿，无去国之义，有易位之权。封建、井田、世卿三者，相为表里。世卿者，即宗法之本也。君为大宗，臣为小宗。《诗》云："君之宗之。"天下之君，即天下之宗也。故诸侯以上绝旁亲，示不私也。此异于礼所谓大宗、小宗。宗子司宗人之政教，与治民之吏，一经一纬，其为法至周且密也。孟子之思世臣，即是此意。古者有田然后祭，则宗子必为国之世臣。宗子虽有不世其爵位者，而其田固在。世卿之制渐坏，故庶子可以崛起于其间，于是《礼》有"宗子为士，庶子为大夫"之文。孟子欲复井田，故思世臣。然以诸侯得变置之义推之，则世臣亦可得而变置也。古人立法，君臣之间，各有其礼，后世君权无限，责臣无极，故孟子大声疾呼曰："君之视臣如手足，则臣视君如腹心；君之视臣如犬马，则臣视君如国人；君之视臣如土芥，则臣视君如寇仇。"臣坤道也，以顺成天德为正。及小人为之，专以逢君之恶，为取富贵之资，故孟子深疾之曰："以顺为正者，妾妇之道也。"其有所激而发哉。

论士大夫之出处

古者贫者不贵，贱者不学，富、贵、知识三者，合而为一。士为爵名，无所谓学士。《韩非子》有学士之名。天子者，大士也；士者，小天子也。自春秋以来，世族崩溃，平民渐起，孔子开私门授徒之风，于是平民皆得问学，无爵无禄而以知识见称之士大夫阶级起焉。既不能耕以养人，又不能为人所养，故其出处，难乎其难。战国养士之风，实时势所迫而然者也，于《孟子》书中可以见当时人士对此之讨论焉。公孙丑曰："《诗》曰：'不素餐兮。'君子之不耕而食，何也？"孟子曰："君子居是国也，其君用之，则安富尊荣；其子弟从之，则孝弟忠信。不素餐兮，孰大于是？"彭更问曰："后车数十乘，从者数百人，以传食于诸侯，不亦泰乎？"孟子曰："非其道，则一箪食不可受于人；如其道，则舜受尧之天下不以为泰，子以为泰乎？"此孟子对当时以士无功受禄为不可者之论战也。万章曰："今之诸侯取之于民也犹御也，苟善其礼际矣，斯君子受之。敢问何说也?"曰：孟子"子以为有王者作，将比今之诸侯而诛之乎？其教之不改然后诛之乎?"此孟子对当时以士不择禄而仕为不可者之论战也。陈代曰："枉尺而直寻，宜若可为也。"孟子曰："枉己者未有能直人者也。"淳于髡曰："夫子在三卿之中，名实未加于上下，而去之，仁者固如此乎?"孟子曰："君子亦仁而已矣，何必同?"此孟子对当时游说之士、贪饕之人之论战也。当时之出处既难如此，孟子之态度如何？曰：亦仁而已。士之阶级为社会问题，待于政治解决，井田之制是也。孟子之所言者，在此旧法已坏、新制未起之救弊法也。官失其守，学在士夫，守先王之道，以待后之学者，固无暇力耕而食。贵族既衰，士大夫即将来之从政人才，国家亦赖有此辈为用，孔子之时，已渐萌此象也，故曰："君子固穷，小人穷斯滥矣。"曰："士志于道，而耻恶衣恶食者，未足与议也。"即以孔子之生活而论，固世族之后，亦尝食于大人，如季氏之类，见《小戴记》。将之荆，则先之以子夏，又申之以冉有。其厄于陈蔡，则曰"无上下之交"。其授徒之束脩，亦为其资生之一。其弟子亦多仰给于孔子，故子华使于齐，冉子为其母请粟。当时从其学者，亦多为禄而来。孔子曰："三年学，不志于谷，不易得也。"可见学以干禄不止子张一人。若墨子之弟子，类此尤多。《耕柱篇》言："子墨子游荆耕柱子于楚，无几何而遗十金。"《贵义篇》言："子墨子仕人于卫。"《公孟篇》言："有游于子墨子之门者，身体强良，思虑徇通，欲使随而学。子墨子曰：'姑学乎，吾将仕子。'劝于善言而学，其年毕云："同期年。"而责仕于子墨子。"《鲁问篇》言："子墨子出曹公子而于宋，三年而反，睹子墨子曰：'始吾游子之门，短褐之衣，藜藿之羹，朝得之则夕弗得，祭祀鬼神。今而以夫子之教，家厚于始也。'"此可以见当时之来学者，皆非为义而来，惟赖二三大师，渐被之以仁义，润之以礼乐，而后教尊义立，此又无怪于叔孙、桓荣之徒也。凡此皆可见当时之社会情形。诸子设教，如追放豚，去此适彼，品类万殊。诸子书中可见，文多不引。皆时势所迫，不得不如是耳。孟子之所以自处与教人者，亦惟如孔子之抑制物欲而已。详下。与不得已，亦可以为禄仕。曰："仕非为贫也，而有时乎为贫。为贫者，辞尊居卑，辞富居贫。"陈子曰："古之君子何如则仕？"孟子曰："所就三，所去三。迎之致敬以有礼，言将行其言也，则就之；礼貌未衰，言弗行也，则去之。其次，虽未行其言也，迎之致敬以有礼，则就之；礼貌衰，则去之。其下，朝不食，夕不食，饥饿不能出门户。君闻之，曰：'吾大者不能行其道，又不能从其言也，使饥饿于我土地，吾耻之。'周之，亦可受也，免死而已矣。"虽言古之君子，实对当时立言。此孟子应付当时之办法也。上以行道，下以免死，免死者必至于饥饿不能出门户，又未可以假藉也。古者平民无为臣之义，而有力役之劳，战国之世，布衣卿相之局已成，庶民有为臣之道。孟子耻其竞进无厌，乃发愤而言曰："士不托于诸侯。""君之于氓也，故周之。""古者不为臣不见。""往役义，往见不义。""为其多闻也，为其贤也，则天子不召师，而况诸侯乎？"其意以为不为臣，无见诸侯之义，无已则为王者师耳，故曰："以位则子君也，我臣也，何敢与君友也？以德，则子事我也。"又曰："古之贤王好善而忘势，古之贤士何独不然，乐其道而忘人之势。"迫斯可见，则道尊也。孔墨周游天下，上说下教，当急于用世。孟子则有敝屣天下之意，不欲为臣。孟、庄同时，《庄子》书中让王者比肩，其亦时代之反映与？其时游说之士，则正相反，"伊尹负鼎干汤"，"百里饭牛干秦"，"孔子主痈疽"，相与造作事实，厚诬前修，以文其过，孟子辞而辟之，盖有由矣。孟子未尝不亟于仕也，然不以其道得之不取，于答周霄之问见之矣。

曰："古之人未尝不欲仕也，又恶不由其道而往者，与钻穴隙之类也。"士无以自养，不得不求食于人，生民在水深火热之中，又不得不以天下为己任，学者既无革命之志，惟有在此万难之中，求一心安理得之地以自处。出仕则以行道，下至于免死，退处则传学，为生民立命，而求所谓"大行不加，穷居不损"者焉。故庄孟思想皆偏于全生养性。虽然，社会问题，固不因一二圣哲能以礼自持而解决也。彭更问曰："士无事而食，不可也。"又曰："君子之为道也，其志亦将以求食与？"孟子则无以答之也，惟曰："子何以其志为哉？"士人为义，本非以求食，而又不能不赖于食以自养，谓之求食不可也，谓之不求食不可也。自孟子以至于今，尚未有善处之道，仅赖君主之羁縻，与权贵之豢养耳，而今日为尤甚，世变方殷，曷其有既。

论士大夫之修养

士大夫之出处，既难如是，故孟子于当时之诸侯与人民，皆不深责，而谆谆致意于士大夫。孟子曰："今之诸侯，五霸之罪人也。今之大夫，今之诸侯之罪人也。长君之恶其罪小，逢君之恶其罪大。今之大夫皆逢君之恶。"又曰："我能为君约与国，战必克。今之所谓良臣，古之所谓民贼也。我能为君辟草莱，任土地。今之所谓良臣，古之所谓民贼也。"又曰："故善战者服上刑，连诸侯者次之，辟草莱任土地者次之。"于人民，孟子亦未尝深责以圣贤之义，曰："无恒产而有恒心者，惟士为能。若民则无恒产，因无恒心。苟无恒心，放僻邪侈，无不为矣。"又曰："使有菽粟如水火，而民焉有不仁者乎？"盖当时游说之士所以动人主者富强，天下无事，则无所用之，故利天下之事，而遂其富贵利达之思。就当时情势而言，实操于少数政客之手，其所以不恤残民以逞其欲者，无非物于物之所致。声色货利所以养体，求之不以道，得之不以命，则足以陷溺其良心。庄生不云乎："哀莫大于心死，而身死次之。"故孟子急存其大者，曰："体有贵贱，有小大，无以小害大，无以贱害贵。养其小者为小人，养其大者为大人。"又曰："耳目之官不思，而蔽于物，物交物，则引之而已矣。心之官则思，思则得之，不思则不得也。此天之所以与我者。先立乎其大者，则其小者不能夺也。"仁义礼智根于心，操则存，舍则亡，是在我也；富贵利达在于外，求不必得，舍不必失，是在人也。君子修其在己者，穷通直寒暑风雨之序耳。故曰："求则得之，舍则失之，是求有益于得也，求在我者也。求之有道，得之有命，是求无益于得也，求在外者也。"声色臭味之欲，圣人与凡人无殊，惟圣人能不以小害大耳。曰："口之于味也，目之于色也，耳之于声也，鼻之于臭也，四肢之于安佚也，性也，有命焉，君子不谓性也。仁之于父子也，义之于君臣也，礼之于宾主也，知之于贤者也，圣人之于天道也，命也，有性焉，君子不谓命也。"色声不谓之性，仁义不谓之命，所以节制物欲而扩充仁义。圣人之为圣，贤人之为贤，其皆出于此耶，而愚者反是。孟子曰："乡为身死而不受，今为宫室之美为之。乡为身死而不受，今为妻妾之奉为之。乡为身死而不受，今为所识穷乏者得我而为之，是亦不可以已乎。此之谓失其本心。"噫，何言之深切与。人人有贵于己者，此心具足，不待外求，而为物所胜，终亦梏亡而已。养之之道，厥惟寡欲。故孟子曰："其为人也寡欲，虽有不存焉者寡矣。其为人也多欲，虽有存焉者寡矣。"恒情知愈高者欲愈甚，其所求者无限，故孟子于士大夫之修养，言之深切。养其小体，而害其大体，哀莫甚焉。"居移气，养移体"，是以贵所养也。孟子曰："耳目之官则思，思则得之。"此教人自省也。故曰：

“人人有贵于己者，弗思耳。”圣人之道，终于尽性立命。性之能尽与否，则在乎存养。孟子曰：“尽其心者，知其性也。知其性，则知天矣。存其心，养其性，所以事天也。夭寿不贰，修身以俟之，所以立命也。”又曰：“不知命，无以为君子也。”“君子行法以俟命而已矣。”性者人之理，天者天之理，性与天道，不可贰也。天命之谓性，故尽性则知天。心者，耳目之官也。性者，心之理也，故尽心然后知性。故知孟子所谓“性”异乎告子所谓“生之谓性”之“性”也。通常所谓性皆同告子，无怪其致疑于性善。命者，求在外者也，对性而立名也。孟子曰：“诚者天之道也，思诚者人之道也。”诚者性也，思诚者，存养之功也。存养所以尽性。故立命之道，其惟尽性之功乎？事功者，性之发也，而非性也。求在外者也，君子谓之命。《中庸》曰：“成己仁也，成物知也，性之德也。”大哉言乎。虽性之德，而不必得，不得而性无不足。孟子曰：“广土众民，君子欲之，所乐不存焉。中天下而立，定四海之民，君子乐之，所性不存焉。君子所性，虽大行不加焉，虽穷居不损焉，分定故也。”君子所以无入而不自得者，由是焉耳。

荀　子

战国之世，孟、荀为儒家巨子，服膺孔子，以重其言，校以孔氏之学，虽不离宗，要因时为制，各有所偏胜，可谓善学已矣。《论》《孟》二书，后世语录之类，语焉弗详，可以见大纲，而不足以尽委曲，盖其体制使之然矣。荀卿明王道，述礼乐，因世所需，大畅厥辞，儒家之用，于是乎咸在，举而措诸天下不难。惟孟氏所详，在于礼乐之源；荀卿所尚，在于礼乐之迹。一性于礼，一取于礼。性则有本，取则有用。根于心与利于事，偏其反矣，而又有相辅之效焉。告子昌仁内义外之教，且见訾于孟氏，考荀子之言，抑又加甚，其殆有为而发者耶？荀卿隆礼，资于外形，不务内心，“论心不如择术”，荀卿之旨也。以为天下之物，苟纳之于礼而合，足矣。礼本人情，荀卿非不知之，盖当功利盛行之世，人务近功，不皇隆高，孟子之论，根本之言，饥渴之害，不知正味，故荀卿截断上源，以礼为律令，而为富强之原，以当世皆务于富强，难卒以仁义动之，此其方便之术矣。是以二子之道虽一，而所以行道之径则殊，不可不审矣。百家争鸣，各思以其学易天下，孟子徒辟之而已，荀卿则资之以建其术，还以其术攻人之术，故言儒效，当以荀卿为闳远，然其流弊亦称是，斯其底矣。

礼

礼者，仁心之发于事之节文。礼者仁之用，仁者礼之本。《记》曰：“禘尝之礼，所以仁昭穆。郊社之礼，所以仁鬼神。”谓此也。孟子论葬礼之起曰：“其颡有泚，睨而不视。夫泚也，非为人泚，中心达于面目。盖归反蔂梩而掩之。”此谓礼由中出，非自外作。荀氏言礼，则曰“起于圣王”，“生于君子”，而性恶之论，由是以起。《性恶篇》曰：“人之性恶，其善者伪也。”又曰：“凡礼义者，是生于圣人之伪，非故生于人之性也，故陶人埏埴而为器，然则器生于工人之伪，非故生于人之性。”此极端之外作说也。其立此说者，《性恶篇》曰：“今人之性，生而有好利焉，顺是故争夺生而辞让亡焉；生而有疾恶焉，顺是故残贼生而忠信亡焉。”其所以立此说者，《性恶篇》曰：“性善则去圣王，息礼义也；性恶则与圣王，贵礼义也。”综上诸说，可知荀卿立言之旨，在于隆礼，然其弊也，则“戕贼人以为仁义”，无以释道家“仁义非性”之难。《性恶篇》辨性伪之界曰：“凡性者天之就也，不可学，不可事。礼义者圣人之所生也，人之所学而能，所事而成也。”其说之不通可见也。既生于圣人，非生于圣人之性乎？故凡同类相似，是以立性善之说，荀卿非不知之也。《大略篇》曰：“礼以顺人心为本。”又曰：“凡事生饰欢也，送死饰哀也，军旅饰威也。”《礼论篇》曰：“称情而立文。”又曰：“两情者，人生固有端焉。”由是言之，礼义之文，虽圣人为之，岂得谓非出于性情哉？荀卿有为而言之也。荀卿所重，在于教化，故曰“起礼义以化性”。孟子虽言性善，而必资于择术存养。以尽其性，其归又未或不同也。孔孟详于礼之原，而未畅言其用，仁义虚而礼制实，故荀卿隆礼义而杀《诗》《书》。《劝学篇》

曰："礼者法之大分，类之纲纪也。"又曰："将原先王，本仁义，则礼正其经纬蹊径也。"《礼论篇》曰："礼起于何也？曰：人生而有欲，欲而不得，则不能无求，求而无度量分界，则不能不争，争则乱，乱则穷。先王恶其乱也，故制礼义以分之，以养人之欲，给人之求，使欲必不穷乎物，物必不屈于欲，两者相持而长，是礼之所起也。"此亦以性恶为根据而起之说也。自性善言之，则礼起于人性之所不能自已，故曰："君子所性仁义礼智。"由仁义行者也。荀卿之所谓礼者，行仁义者也。一出于自然，一出于强制。自然者，仁之熟也。强制者，使之归于自然。孟子曰："五霸假之也，久假而不归，乌知其非有也。"荀卿专就此言之耳。《礼论篇》曰："故人一之于礼义，则两得之矣，一之于情性，则两失之矣。"是荀子非不知性情，恐性情之不可恃也。礼起于圣王，隆礼即所以法先王也。战国之世，不由礼久矣，侵夺之害，刑政之苛，人伦之废，胥由无礼，故荀卿论政，一反之古。《王制篇》曰："衣服有制，宫室有度，人徒有数，丧祭器械皆有等宜，声则凡非雅声者举废，色则凡非旧文者举息，械用则凡非旧器者举毁，夫是之谓复古，是王者之制也。"复古者，所以反今，其器则礼制是也。

论　政

荀卿论政，《王制》其总汇也，尚法而以人救法之穷，与执于一端者异，此儒家之所同也。后世以为儒家尚人治而贵法治者，欺德也。《中庸》曰："文武之政，布在方策，其人存则其政举，其人亡则其政息。"法者死物，待人而举，孟子所谓"徒法不能以自行"之意耳，非废法也。而荀卿阐明其义，《王制篇》曰："故法而不议，则法之不至者必废；职而不通，则职之所不及者必队。故法而议，职而通，无隐谋，无遗善，而百事无过，非君子莫能。”法家一断于法，此法而不议也。越职而有功则罚，此职而不通也。儒家者，欲求其至善者也，非废法之谓。荀卿论立君之道，以分为归。《富国篇》曰：“无君以制臣，无上以制下，天下害生纵欲。”《君道篇》曰：“君者何也？曰：能群也。”孔孟言立君，皆本于天，而荀卿则本于人，此荀卿之进于孔孟者也。若其所以立君之道，则无不同。为君之要，莫先于正身，而以身率下。《君道篇》曰：“请问为国？曰闻修身，未尝闻为国也。君者仪也，仪正而景正；君者槃也，槃圆而水圆；君者盂也，盂方而水方。”儒家言政，必自上始，与法家之详于驭下而无以正君者殊也。

《君道篇》曰：“隆礼至法，则国有常。尚贤使能，则民知方。纂论公察，则民不疑。赏克罚偷，则民不怠。兼听齐明，则天下归之。然后明分职，序事业，材技官能，莫不治理。”此言治国之大经也，而其所执则礼而已。为君之道，莫难于任人，南面之术，孔孟所不详，荀子亦有资于道家。《王制篇》曰：“威严猛厉而不好假道人，则下畏恐而不亲，周闭而不竭，若是则大事殆乎弛，小事殆乎遂，和解调通，好假道人，而无所凝止之，则奸言并至，尝试之说蜂起，若是则听大事烦，是又伤之也。”儒家以身率下，臣下则勉而为之，而又恐无以别诚伪，故于道家南面之术亦有所取。而《正论篇》之非“主道利周”，则又反道家之说也。于此之间，莫之所从，则惟有取信于便嬖。《君道篇》曰：“故人主必将有便嬖左右足信者。”其智与后世人主之亲幸宦官无异，盖知人则哲，惟帝其难，南面之术，亦不过示人规矩，不必能使人巧。富国强兵，当世之所务也，而其富强之道则非，故孔孟罕言，防其原也。荀卿知此不足以救其弊，而思有以易之。《富国篇》曰：“足国之道，节用裕民，而善藏其余；节用以礼，裕民以政，彼裕民故多余，裕民则民富，民富则田肥以易，田肥以易则出实百倍，上以法取焉，而下以礼节用之。”又曰：“量地而立国，计利而畜民，度人力而授事。”《大略篇》曰：“故家五亩宅，百亩田，务其业而勿夺其时，所以富之也。”《王霸篇》曰：“农分田而耕，贾分货而贩，百工分事而劝。”此荀卿富国之大纲也。其富国之道，与孔孟同，曰均，曰分，曰节而已。彼当世所谓富者，则异乎是。《富国篇》曰：“今之世而不然，厚刀布之敛以夺之财，重田野之税以夺之食，苛关市之征以难其事。”《王制篇》曰：“王者富民，霸者富士。仅存之国富大夫，亡国富筐箧。”儒家之富，以富民也。民富则交利，反则俱伤，富同而所以富者异也。《王制》曰：“王夺之人，霸夺之与，强夺之地。夺之人者臣诸侯，夺之与者友诸侯，夺之地者敌诸侯。臣诸侯者王，友诸侯者霸，敌诸侯者危。”荀卿之所强者，利而不利之，而使之自服，所以为凝聚之道也。《议兵篇》曰：“兵要在乎善附民而已。”斯儒家强兵之道，所以异于法家也。荀卿明富强之效，出于礼义，而当时言富强者之敝，显然可见，微荀卿之言，以明王道之可行，孔孟之言几于画饼而不可啖矣。荀卿论政，有与法家相似而实不同者，一曰统制思想。《王制篇》曰：“故奸言奸说，奸事奸能，遁逃反侧之民，职而教之，须而待之。”又曰：“才行反时者死无赦。”夫群言淆乱，则政令不行，故凡言政者，未有不一之者也。彼法家者，非徒统制而已，且绝学愚民，以便其私，此其所以异也。二曰信赏必罚。荀子虽尝以庆赏刑罚为言，然非所以先也。《议兵篇》曰：“故庆赏刑罚执诈之为道者，佣徒鬻卖之道也，不足以合大众，美国家，故古之人羞而不道也。故厚德音以先之，明礼义以道之，致忠信以爱之，尚贤使能以次之，爵服庆赏以申之，时其事，轻其任，以调齐之，长养之，如保赤子，政令以定，风俗以一，有离俗不顺其上，则百姓莫不敦恶，莫不毒孽，若祓不祥，然后刑于是起矣。”彼法家者专恃刑赏以为治者也，故见斥于儒者，不知儒者之言，有对而发也。或者以李斯、韩非出于荀卿，而谓荀卿近于法家，异于孔孟，则又过矣。礼主明，分使群。故县阶级，异上下，然而阶级之起，起于智愚，而非起于贵贱。贤能不待次而举，罢不能不待须而废。君子以德，小人以力。君子之德待小人而养，小人之力待君子而功，相须为用也。《富国篇》所谓“由士以上，则必以礼乐节之；众庶百姓，则必以法数制之”，两利之道也。君子以礼，小人以法。“礼不下庶人”，不责之以文也。“刑不上大夫”，耻以不肖居上也。王公子孙不属于礼义，则归之庶人，庶人子孙属于礼义，归之卿相士大夫。德称而后爵，能称而后官，无幸位也。然而大夫失职则幽，又非无刑，所以养其耻而称所举也。

论　学

荀卿论学，亦本于礼，重外形之学习，而不务内心之存养，与孔孟小异，盖性善则性为主因，而学养为增上之因；性恶则师法礼义为主因，性从而化之，其归同而途殊焉。《劝学篇》曰：“故木受绳则直，金就砺则利，君子博学而日参省乎己，则知明而行无过矣。”又曰：“君子生非异也，善假于物也。”故其学以礼为归，礼如绳墨，所以律己。《劝学篇》曰：“将原先王，本仁义，则礼正其经纬蹊径也，若挈裘领，诎五指而顿之，顺者不可胜数也。”又曰：“其数则始乎诵经，终乎读礼，其义则始乎为士，终乎为圣人，真积力久则入，学至乎殁而后止也。”又曰：“全之尽之，然后学者也。”此其底也。荀子论修身之要，亦以礼为律。《修身篇》曰：“宜于时通，利以处穷，礼信是也。凡用血气志意知虑，由礼则治通，不由礼则勃乱提僈；食饮衣服，居处动静，由礼则和节，不由礼则触陷生疾；容貌态度，进退趋行，由礼则雅，不由礼则夷固僻违，庸众而野。”其于治气养心，亦由礼以强制之。《修身篇》曰：“治气养心之术，血气刚强，则柔之以调和；知虑渐深，则一之以易良；勇胆猛戾，则辅之以道顺；齐给便利，则节之以动止；狭隘褊小，则廓之以广大；卑湿重迟贪利，则抗之以高志。”胥由礼义之强制而然。孟子虽重外来之培养，而归于内心之自化，曰：“君子所性，仁义礼知。”又曰：“礼义之悦我心，犹刍豢之悦我口。”礼义与性，合而为一。盖荀子以性为天成，礼为人伪，故离而为二。孟子曰：“养心莫善于寡欲，其为人也寡欲，虽有不存焉者，寡矣。其为人也多欲，虽有存焉者，寡矣。”欲谓声色臭味之欲，求不必得，即所谓命者也。求之无厌，则性不存焉。所谓性者，仁义礼知也。欲逐外而性反内。孟子修养之术，在反求诸己而收外之放心。荀卿则由礼义以为权衡，《大略篇》曰：“义与利者，人之所两有也。虽尧舜不能去民之欲利，然而能使其欲利不克其好义也；虽桀纣亦不能去民之好义，然而能使其好义不胜其欲利也。”荀子重于外之习染，故云然耳。《正名篇》曰：“凡语治而待去欲者，无以道欲而困于有欲者也；凡语治而待寡欲者，无以节欲而困于多欲者也。有欲无欲生死也，非治乱也；欲之多寡异类也，情之数也，非治乱也。”荀卿之意，欲之多寡，无关于治乱，要有以礼节之而已。故《正名篇》又曰：“心所可中理，则欲虽多，奚伤于治；心之所可失理，则欲虽寡，奚止于乱。”又曰：“性者天之就也，情者性之质也，欲者情之应也。”荀卿以性情欲为得于天，而所以止之之心，天乎人乎，将以为人耶，非学而能也，荀卿以性恶而起礼义，而不知礼义根于心，与孔孟之异，即在于此。孔孟言天，有形象之天，有主宰之天，有自然之天。孟子曰：“尽其心者，知其性也，知其性，则知天也，存其心养其性，所以事天也。”此谓天人合一，自然之天也。性者人之理，天者天之理，故尽性则知天。荀子《天论》之所反者，主宰之天也。《天论篇》曰："故明于天人之分，则可谓至人矣。不为而成，不求而得。夫是之谓天职，如是者虽深，其人不加虑焉，虽大不加能焉。虽精不加察焉，夫是之谓不与天争职。天有其时，地有其财，人有其治，夫是之谓能参。"荀卿之言，对阴阳小数者流而发，故曰："大天而思之，孰与物畜而制之？从天而颂之，孰与制天命而用之？"其意在与天地参，以人济天功。孟子所谓天者，玄学之天，天人合一，故孟子之学，以尽性知天为极致。荀子之学，以人代天功为极致。一就性言，一就事言，区以别矣。

论心性

荀子之于心性，与孟子极相反者，在其离心而言性也。故言心则同，言性则异。《解蔽篇》曰："夫何以知，曰心知道然后可道。"又曰："人何以知道，曰心，心何以知，曰虚一而静。"又曰："心生而有知，知而有异。"《正名篇》曰："心有征知，征知则缘耳而知声可也，缘目而知形可也。"又曰："求者从所可，受乎心也。"此以知觉处为心，与孟子同。孟子曰："心之官则思，思则得之。"又曰："操则存，舍则亡。出入无时，莫知其向，惟心之谓与。"皆以知觉为心也。《正名篇》曰："生之所以然者谓之性，性之和所生，精合感应，不事而自然谓之性，性之好恶喜怒哀乐谓之情，情然而心为之择谓之虑，心虑而能为之动谓之伪。"又曰："性者，天之就也。情者，性之质也。欲者，情之应也。"《性恶篇》曰："凡性者，天之就也，不可学，不可事。"《礼论篇》曰："性者本始材朴也。"荀卿以欲为情之应，情为性之质，欲恶则性恶。孟子言尽心知性，心性虽异，故不可离，性者不虑而得，心者缘官而知，知有是非，非性之善耶？心之知也，岂待学待事耶？孟子所谓性，欲之正也，故曰：“可欲之谓善。”而其所谓欲者，则就无节之欲言也，故曰：“其为人也寡欲，虽有不存焉者，寡矣。”尽其心者，思则得之也。故曰：“知其性也。”荀子离心性为二，而以欲之过节为性，故曰性恶。荀卿亦未尝不知性为善也。《礼论篇》曰：“两情者人生固有端焉。”此与孟子之言四端何以异矣。惟以隆礼义，重外忽内，故为性恶之说。《非相篇》曰：“论心莫如择术。”《正名篇》曰：“故知者论道而已矣。”此其立说之根本也。荀子虽言“君子养心莫善于诚”，“虚一而静，谓之大清明”，而其于内心之涵养，故不若外形之重。其弊滋多，不亦宜乎。

老　子

道家立言，以遮为显，老子尚有所立，庄子几于无所立矣，不识其所对者，曷由知其所以立言？如堕雾中，如观幻术，几何不目迷神昏，莫知所归矣。孔老孟庄，时则相接，以孔观老，以孟观庄，一遮一表，相反相成，得此而几也。《史记》称老子语孔子曰："良贾深藏若虚。君子盛德，容貌若愚。去子之骄气与多欲，汰色与盈志，是皆无益于子之身。吾所以告子，若是而已。"此孔老所以异欤？孔子救世心切，数以仁义之言，强进于暴人之前，削迹于鲁，伐树于宋，穷于商、周，围于陈、蔡，是非所谓骄气多欲、汰色盈志、无益于身乎？孔子知其不可而为之，老子则自隐无名为务，所以异趣也。老子曰："我有三宝：一曰慈，二曰俭，三曰不敢为天下先。"孔子之学，以仁为本，老子曰："夫慈故能勇。"孔子曰："仁者必有勇。"其大本无不同，惟孔子发强刚毅，与老子之含章可贞者异也。《坤·文言》曰："坤至柔而动也刚，至静而德方。"《乾象》曰："天行健，君子以自强不息。""上九，亢龙有悔。用九，见群龙无首，吉。"乾，君道也，体刚而用柔。坤，臣道也，体柔而用刚。老子者，君人南面之术。孔子之教，察于人伦，明于庶物，臣之所操也。非君臣有优劣，其理不同而已。孔子书中未尝无君人之道，老子书中未尝无北面之法，就其偏胜言耳。世俗徒见老子有"失道后德，失德后仁，失仁后义，失义后礼"之类，以为孔老若冰炭不相容，此不达老子立言之旨耳。说详后。仁义礼为非是，慈俭诸德岂独是耶，安得忘言之人而与之言哉?

道

道之本义，相当于《易经》之易。生生之谓易，辟则为乾，翕则为坤。所谓生生者，就其力言耳。老子所谓道，《易经》所谓易，并绝言诠，方言为道，已非道也。一涉言语，便成相对。有无阴阳，难易长短，高下善恶，罔不如是，故老子曰:“道可道，非常道。名可名，非常名。”万象森列，佥成相对，推本寻原，生生之功能而已。故老子曰:“两者同，出而异名，同谓之玄，玄之又玄，众妙之门。”是以老子赞道之功曰:“道冲，而用之或不盈，渊兮似万物之宗。”又曰:“视之不见名曰夷，听之不闻名曰希，搏之不得名曰微。此三者不可以致诘，故混而为一。”皆不可名之名也。凡老子书中言道，有可指说者，皆就事上而言，非此所谓道也。此所谓道，不惟有非道，即无亦非道。超有无之无即道，如有生于无，复归于无物之无，是也。“恍兮惚兮，其中有物。窈兮冥兮，其中有精。”谓之为有，谓之为无，胥不可矣。

以人合道

老子曰:“执古之道，以御今之有。能知古始，是谓道纪。”老子身为史官，修道养寿，于存亡祸福之端，人事古今之变，妙识其所以然。凡百事物，皆有因缘，彼因于是，是亦因彼，有待而然者也，因其自然而为之，用力寡而成功多。老子曰:“致虚极，守静笃，万物并作，吾以观其复。”察变而善应之谓也。司马迁称老子曰:“虚无因应，变化于无为。”司马谈之论道家曰:“无成势，无常形，故能究万物之情。不为物先，不为物后，故能为万物主。”虚无言其体，因应言其用，虚无故无常式成式，因应故不为物先物后，能尽道家之妙矣。道不可见，夫何取法，故老子书中常取法于天地，取法于水，取法于婴儿，皆以其无心而已。老子赞无之用曰：“三十辐共一毂，当其无，有车之用；埏埴以为器，当其无，有器之用；凿户牖以为室，当其无，有室之用。故有之以为利，无之以为用。”有之云者，就其发而言也。无之云者，就其未发而言也。有为之利，即在无为之用，故曰：“无为而无不为也。”无为而无不为，孔老之所同也。孔子曰：“无为而治者，其舜也乎。”告子张曰：“因民之所利而利之，斯不亦惠而不费乎。”与老子之言，如出一辙。然孔子与老子亦有不同者在，老子曰：“道常无为而无不为，侯王若能守，万物将自化，化而欲作，吾将镇之以无名之朴，无名之朴，亦将不欲。不欲以静，万物将自正。”“化而欲作”以下，非老子所专有乎？世人徒知道家无为而无不为，不知其为于无为，因其为于无为，故见礼为忠信之薄，而乱之首。

长久之道

老子曰：“有无相生，难易相成。长短相形，高下相倾。”此非相对之义耶？又曰：“飘风不终朝，骤雨不终日，孰为此者天地，天地尚不能久，而况于人乎？”此非无常之义耶？相对则此成彼亏，无常则莫可长保。凡相对而生者，即无常者也，长保之术，将安出哉？老子曰：“天长地久，天地所以能长且久者，以其不自生，故能长生。”而运之于人事之道则曰：“保此道者不欲盈。”曰：“功成而不居。”凡物有所成，必有所亏，老子曰：“物壮则老，是谓不道，不道早已。”壮者物之极盛，而衰已起也。老子曰：“居其实，不居其华。”持盈之术也。老子生周衰文敝之世，乱端已兆，故欲持而保之。老子曰：“其安易持，其未兆易谋，其脆易判，其微易散。为之于未有，治之于未乱。”非周之始衰前识者之言乎？老子不贵前识，恶华也。老子曰：“天下皆知美之为美，斯恶矣；皆知善之为善，斯不善矣。”夫仁义智慧，孝慈忠臣，相对而起，非绝对之善，而“美言可以市，尊行可以加人”，务于华而去实远矣。老子曰：“绝圣弃智，民利百倍。绝仁弃义，民复孝慈。绝巧弃利，盗贼无有。此三者，以为文不足，故令有所属。见素抱朴，少私寡欲。”此即所谓“化而欲作，吾将镇之以无名之朴”者也。仁义起于大道之废，孝慈生于六亲之不和，老子且自言之也，其所以绝弃圣智者，圣智且不足尚，而况于不圣不智乎？老子之所绝弃者，孔子之所奖励者也，孔子以孝慈化不孝不慈，老子则欲使不孝不慈者孝慈，而无所事孝慈之名。然道家之用，无为而无不为。因时而为法者也，既六亲不和而后有孝慈，欲使之一反于孝慈，将以不孝慈者就孝慈乎，抑将以孝慈者就不孝慈者乎？故老子之所言者，其最高之理想也，对当世之务于名而忽于实者言耳。老子最高之目的曰道，曰朴，其着手则曰反，曰复，其对治时病而立之目的，曰去甚，去奢，去泰，而着手则曰无为而无不为，前以治本，后以治标；前者用之于至盛之时，后者用之于将乱之时；后者孔、老之所同，前则老子所专有也。其绝弃圣智，秕糠仁义者，法界周流，一切名言，皆在排遣，故唯曰朴，曰无，曰一而已。

南面之术

人君居九五之位，以至刚之体，必假至柔之用，故《汉书·艺文志》论道家云："合于尧之克攘，《易》之嗛嗛，此君人南面之术也。"老子之书，故非专明主术，惟老子之道，谦弱卑下为表，故于君人之术，尤相契焉。专言其术，则有数义可得而说：一曰先无利人之心。老子曰："执大象，天下往，往而不害，安平泰。"谓此义也。二曰因民之所利而利之。老子曰："圣人无常心，以百姓之心为心。"谓此义也。三曰大仁无私惠。老子曰："天地不仁，以万物为刍狗。圣人不仁，以百姓为刍狗。"谓此义也。四曰自贵而轻外。老子曰："故贵以身为天下者，可以寄天下；爱以身为天下者，可以托天下。"谓此义也。此四者，其大本也，孔孟之所同。老子所专有者，一曰以静制动。老子曰："致虚极，守静笃，万物并作，吾以观其复。"谓此义也。二曰君逸臣劳。老子曰："重为轻根，静为躁君，是以圣人终日行，不离辎重，虽有荣观，燕处超然，奈何万乘之主，而身轻天下，轻则失臣，躁则失君。"谓此义也。三曰秉要制事。老子曰："朴散而为器，圣人用之，则为官长。"谓此义也。四曰不可尝试。老子曰："知者不言，言者不知。塞其兑，闭其门，挫其锐，解其纷，和其光，同其尘，是谓玄同。不可得而亲，不可得而疏，不可得而利，不可得而害，故为天下贵。"谓此义也。五曰弱以制强。老子曰："将欲歙之，必固张之。将欲弱之，必固强之。将欲废之，必固兴之。将欲夺之，必固与之。是谓微明。柔胜刚，弱胜强。鱼不可脱于渊，国之利器不可以示人。"谓此义也。此五义者，所以驭臣也。韩子得之，专为人主利器，失其本心，而窃其术，圣智之法，以资盗跖之行，非所谓为虎傅翼者乎？老子岂及料哉？至于老子所以驭民，则如保赤子，老子曰："圣人无常心，以百姓之心为心，善者吾善之，不善者吾亦善之，德善矣。信者吾信之，不信者吾亦信之，德信矣。圣人在天下，惵惵为天下浑其心，百姓皆注其耳目，圣人皆孩之。""善者吾善之，不善者吾亦善之，信者吾信之，不信者吾亦信之”，即老子所谓“常善救人，故无弃人；常善救物，故无弃物”之义也。“惵惵为天下浑其心”者，即老子所谓“非以明民，将以愚之”之义也。老子视民如赤子，故无可弃之人，欲使民各安其食，美其服，故使天下浑其心。所谓愚者，对智而言，散言之，即“浑其心”之谓也，其愚民也，岂专制人君之愚民所可同日而道哉？老子之道，以慈为本，五千言皆慈心之所发也，而所达此慈心之求者则曰道。老子曰：“道者万物之奥，善人之宝，不善人之所保。”圣人者，故无利天下之心也，老子曰：“以道莅天下，其鬼不神。非其鬼不神，其神亦不伤人。非其神不伤人，圣人亦不伤人。夫两不相伤，故德交归焉。”和之至矣。

非　战

周衰，诸侯相兼并，战伐四起，自林唐翁作《诸侯兴废表》以次诸家所考得者，凡灭国一百有余，不见于载籍者不与，战争之祸，概可想见。卫灵公问陈而孔子不答，有以也夫。老子目击兵祸之烈，因兴非战之论，曰：“以道佐人主者，不以兵强天下，其事好还。师之所处，荆棘生焉。大兵之后，必有凶年。”又曰：“佳兵者，不祥之器，物或恶之，故有道者不处。”痛之深矣。然空言不能止祸，乃为说曰：“大国者下流。天下之交，天下之牝。牝常以静胜牡，以静为下。故大国以下小国，则取小国。小国而下大国，则取大国。故或下以取，或下而取。大国不过欲兼畜人，小国不过欲入事人。夫两者各得其所欲，大者宜为下。”此与孟子言“以大事小者，乐天者也；以小事大者，畏天者也。乐天者保天下，畏天者保其国”略同。惟老子言小国“欲入事人”，是国亡而不亡，此春秋与战国情形之异也。古者诸侯之于天子，不过朝贡而已，即春秋霸主，亦不过欲行其号令于中国，无利土地之心，人不足于地故耳。春秋初年，诸侯灭人之国，初不过欲其服已，故齐人灭遂，而使人戍之，遂人歼齐，是当时尚未干涉其内政，惟使人戍之，使不敢叛而已。灭国为县，始于晋楚，然苟能服其政令者，亦尚可置为县令。郑伯对楚子曰："使改事君，夷于九县，君之惠也，孤之愿也。"是必当时有例可沿，故郑伯如是云尔。老子之言，皆就春秋时势立说，至于战国，则未有入事人而能保其国者也。此与下去智、尚俭诸端，皆可以证明《老子》为春秋时书。惟此乃大国之所操，故老子复教大国取天下之道，以并吞之祸皆起大国也。曰："取天下常以无事，及其有事，不足以取天下。"又曰："为无为，事无事，味无味。大小多少，报怨以德。图难于其易，为大于其细。天下难事，必作于易。天下大事，必作于细。是以圣人终不为大，故能成其大。"是欲大国以德服人而不以力也。老子言"和大怨必有余怨"，可知"报怨以德"为大国畜小国之道。又曰："乐杀人者，不可以得志于天下。"又曰："以无事取天下。"是言战争之无益于取天下也。老子销兵之术如是。其流兵权谋者，法固不能禁人之不用已也。

去　智

孟子曰："天下之言性者，则故而已矣。故者以利为本。所恶于智者，为其凿也。如智者若禹之行水也，则无恶于智矣。禹之行水也，行其所无事也。如智者亦行其所无事，则智亦大也。"此孟子释老子之辞。"故者以利为本"，谓墨子也。《墨经》曰："故者，有所待而后成也。"庄子亦云："去智与故，循天之理。"是"故"

与“智”为当时学术界之术语。使老子不在孟子之前，则孟子之言无根据。老子之所谓“无为而无不为”者，非孟子所谓“行其所无事”乎？老子所谓“不知常，妄作凶”，非孟子所谓“所恶于智者，为其凿也”乎？道家反对智慧，儒家尊崇智慧，孟子知道家所反对者非儒家所谓智慧，又恐人疑惑，故为此说，以明道家所反对者应反对，儒家所尊崇者应尊崇。道家之反对之者，为其凿也，儒家之言智，行其所无事也。由是可知孟子于道家之非毁仁义无所辩议，皆此类也。老子曰：“小国寡民，使民有什佰之器而不用，使民重死而不远徙。虽有舟舆，无所乘之；虽有甲兵，无所陈之。使民复结绳而用之。甘其食，美其服，安其居，乐其俗。邻国相望，鸡犬之声相闻，民至老死不相往来。”盖谓不知妄作之人说也。如此则一切无所用，虽欲扰民，不可得也。老子常言“治大国若烹小鲜”，“为无为，事无事”，其器何止于此，近人不达此意，竟以比傅西人之言，不亦诬乎？老子曰：“绝学无忧。”又曰：“使夫智者不敢为也，为无为，则无不治。”此深恶乎智者之言也。又曰：“勇于敢则杀。”又曰：“代大匠斫，希不伤其手矣。”此深戒乎智者之言也。老子之深恶乎智者，其意可深长思矣。

尚 俭

老子之学，主于收敛，收敛即所以为发扬。老子曰：“我有三宝，二曰俭，俭故能广。”此以收敛为发扬耳。儒家以礼为主，取乎有节，以孔孟之言节制物欲，而于礼之所在，亦不以俭为尚。墨家崇俭，由于物不供求，墨子之行，固勇于敢者，与道家似同而实异。老子言不俭之害曰：“罪莫大于可欲，祸莫大于不知足，咎莫大于欲得。”老子言俭之利曰：“治人事天莫若啬，夫唯啬，是谓早服，早服谓之重积德，重积德则无不克，无不克则莫知其极，莫知其极，可以有国。有国之母，可以长久。是谓深根固柢长生久视之道。”老子之主收敛视各家为甚，盖鉴于当时之欲望无穷，内则有食税之重，外则有侵夺之祸，而人生所求，不过衣食，足以不死而已，其余之求皆为过分，故老子主清心寡欲，而贵其在己者，孟庄二子多衍其说。墨家向外追求，无内心修养，故其尚俭也，实迫于物之不足，非心安于此，故墨者宋牼倡见侮不辱之教以寝兵，倡情欲寡之教以尚俭，皆所以为内心之根据也。庄子批评宋牼、尹文曰：“以禁攻寝兵为外，情欲浅寡为内。”“情欲浅寡”固得于道家，即“禁攻寝兵”之根据，亦受道家影响也。故宋、尹之学，与墨子极不相似，此学术之变也。老子之教，以刚为体，以柔为用，故尚柔。尚柔，尚啬，不敢为天下先，皆自内心收敛而来，既不同于强制情欲，亦不同于懦弱无用，信古之博大真人哉。

庄　子

《天下篇》曰："以天下为沈浊，不可与庄语，以卮言为曼衍，以重言为真，以寓言为广。"此庄子立言之体也。又曰："其书虽瑰玮，而连犿无伤也，其辞虽参差，而諔诡可观。"此庄子属辞之体也。又曰："上与造物者游，而下与外死生无终始者为友。"此言庄子之为人也。又曰："其于本也，宏大而辟，深闳而肆，其于宗也，可谓稠适而上遂矣。"此言庄子之学也。《史记》论庄子之学，亦曰："归本于老子之言。"今以老、庄比观，庄子实有加进，所谓辟肆适遂，信非诬词。老子见相对无常之理，而立于长久之道。庄子衍其说，以相对而转于无待，以无常而转于不死不生。老子之学归于治天下，庄子则曰"孰肯敝敝焉以天下为事"，"其土苴以治天下"。老子之学，无之以为用，庄子则以无用为大用。谓之偏得老子之术可也，谓之光大老子之术亦可也。

性命之情

庄子之书，一言以蔽之，曰复其性命之情而已。其所非刺者，则逆于性命之情者也。儒家语仁义礼乐，庄子则视同尘垢秕糠。儒家之所尊者，仁义礼乐之情；庄子之所非者，仁义礼乐之迹。孟、庄同时，其所感受，无不相同，其所以对治之方则异。孟子曰："恻隐仁之端，羞恶义之端，辞让礼之端，是非智之端。"又曰：

"仁义礼智，非由外铄我也，我固有之也。"又曰："君子所性，仁义礼智根于心。"又曰："礼义之悦我心，犹刍豢之悦我口。"融仁义性命而为一，故非削足以适履，由仁义行，非行仁义也。庄子毁尧舜，薄汤武，斥儒墨，诋曾史，皆以其非人之性，而乱天常，盖有所对而发。故庄孟所指之尧舜孔丘，其名则一，其实则非也。《骈拇篇》曰："骈拇枝指，出乎性哉，而侈于德；附赘县疣，出乎形哉，而侈于性。多方乎仁义而用之者，列于五藏哉，而非道德之正也。"又曰："彼正正者，不失其性命之情。"又曰："意仁义其非人情乎。"又曰："自有虞氏招仁义以挠天下也，天下莫不奔命于仁义，是非以仁义易其性与。"《在宥篇》曰："天下将安其性命之情，之八者，存可也，亡可也。天下将不安其性命之情，之八者，乃始臠卷獊囊而乱天下也。"《天道篇》曰："请问仁义，人之性与？"《天运篇》曰："余语女三皇五帝之治天下，名曰治之，而乱莫甚焉。三皇之治，上悖日月之明，下睽山川之精，中堕四时之施，其知憯于蛎虿之尾，鲜规之兽，莫得安其性命之情。"庄子书中如此类者，不暇缕举，盖见当时学者溺于所闻，而不求自得，一切殉人，故为此言矣。奚以知其然耶？道二，仁与不仁而已。庄子既不许仁，亦不许不仁，而一则曰"性命之情"，再则曰"循天之理"，而无所立名。天理性情之发于事，非仁义圣智欤？《骈拇篇》曰："伯夷死名于首阳之下，盗跖死利于东陵之上，二人者所死不同，其于残生伤性均也。"《在宥篇》曰："昔尧之治天下也，使天下欣欣焉人乐其性，是不恬也。桀之治天下也，使天下瘁瘁焉人苦其性，是不愉也。"既不许为尧舜伯夷，又不许为桀纣盗跖，而曰："上不敢为仁义之操而下不敢为盗跖之行。"曰："与其誉尧而非桀，莫若两忘而化其道。"然则庄子之意，概可见矣。老子曰："绝圣弃知，民利百倍。绝仁弃义，民复孝慈。绝巧弃利，盗贼无有。此三者，以为文不足，故令有所属，见素抱朴，少思寡欲。”庄子之所以掊击圣智，实本于老子之言，惟时之相后，民愈离朴，群言淆乱，爱恶相攻，故引而伸之，触而长之，使人复还其性，莫之为而常自然，庄子虽无所立，必有所去，去恶而善存焉。故读其书，不可以不知其所对也。

平等之义

一切平等，事理如是。不安其性，而淫于外物，则爱恶形焉，是非彰焉。爱恶之形，是非之彰，道之所由丧也。凡物之形，相待而起，生灭无常。自其形视之，则兄弟异貌；自其性视之，则万物皆一。庄子《齐物》之论，所以阐平等之义者也。其立言之旨，在于“道未始有封，言未始有常”。无封无畛，物之性也，是非善恶，佥不得言，物有分位，心有征知，而后名言以起，于是物我分焉。自是而非彼，欲解其桎梏，而益之以辩，则影形竞走，穷向以声，容有已时。《齐物论》曰：“以指喻指之非指，不若以非指喻指之非指也。以马喻马之非马，不若以非马喻马之非马也。”此庄子复性之术矣。诸子各思以其学易天下，自贵而轻人，自是而非彼，彼一是非，此一是非，是非旋转，谁使正之。庄子以道为宗，而万物毕罗，故曰：“和之以天倪。”“休乎天钧。”“可乎可，不可乎不可。然于然，不然于不然。物固有所然，物固有所可。物无不然，物无不可。”此物性平等之真义欤？《齐物论》曰：“形固可使如槁木，而心固可使如死灰乎？”槁木死灰，则物我两忘，故曰：“吾丧我。”道者，天籁也；诸子之是非，地籁也。知风之作，则无所骇于众窍之声，而平等也。故庄子之学，归于“惟是不用而寓诸庸。庸也者，用也。用也者，通也。通也者，得也。适得而几已，因是已”。

盖以道解其桎梏，而混然之道何益于有形之庶物，故庄子于百家众流，无不取也。仁义之端，是非之途，樊然淆乱，奚为至哉。《齐物论》曰："大知闲闲，小知间间。"求之知识而不可得也。"大言炎炎，小言詹詹。"求之语言而不可得也。"与接为构，日以心斗。缦者，窖者，密者。"求之心而不可得也。"乐出虚，蒸成菌。"求之物而不可得也。"日夜相代乎前，而不知其所萌。"求之时而不可得也。"非彼无我，非我无所取，是亦近矣，而不知其所为使。"求之物与我而不可得也。"百骸九窍六藏，赅而存焉，吾谁与为亲，汝皆说之乎，其有私焉。"求之心骸而不可得也。一切皆无所可得，而是非樊然，由于道散而有封有畛以起之矣。《齐物论》曰："彼出于是，是亦因彼。"此彼是平等也。"方生方死，方死方生。"此生死平等也。"因是因非，因非因是。"此是非平等也。"毛嫱、丽姬，人之所美也，鱼见之而深入，鸟见之而高飞，麋鹿见之而决骤。"此美恶平等也。"民湿寝则腰疾偏死，鳅然乎哉；木处则惴栗恂惧，猨猴然乎哉。"此好恶平等也。"丽之姬，艾封人之子也，晋国之始得之，涕泣沾襟，及其至于王所，与王同筐床，食刍豢，而后悔其泣也。"此利害平等也。"天下莫大于秋毫之末，而太山为小，莫寿于殇子，而彭祖为夭。"此大小长短平等也。"庄周梦为胡蝶，栩栩然胡蝶也，自喻适志与，不知周也，俄然觉，则蘧蘧然周也，不知周之梦为胡蝶与，胡蝶之梦为周与。"此物我平等也。平等之义，非齐不平而为平，复其本性之恒然而已。《骈拇篇》曰："彼正正者，不失其性命之情，故合者不为骈，而枝者不为跂，长者不为有余，短者不为不足。是故凫胫虽短，续之则忧；鹤胫虽长，断之则悲。故性长非所短，性短非所续，无所去忧也。"此平等之真义也。《秋水篇》曰："以道观之，物无贵贱。"庄子之所以遣百家言也。道散为器，是非判然，安于性命之情，与逆于性命之情者，岂能齐哉？

自由之义

物性平等，则自性具足，无事外求，各安其分而已。庄子《逍遥游》之所阐明者，其义在是。鲲鹏之大，而不自知其大；蜩鸠虽小，而不自知其小；朝菌虽夭，而不自知其夭；大椿虽寿，而不自知其寿，性自足也。“覆杯水于坳堂之上，则芥为之舟。置杯焉则胶。”乱其性也。“宋人资章甫适诸越，越人短发文身，无所用之。”悖其效也。“大浸稽天而不溺，大旱金石流、土山焦而不热。”得其性命之情而物莫之伤也。夫所谓自由者，物物而不物于物，得己之得，而不知其所以得，无所待于外也。故庄子之自由，以去待为本，曰：“若夫乘天地之正而御六气之辩，以游于无穷者，彼且恶乎待哉？故曰至人无己，神人无功，圣人无名。”郭象释之曰：“故乘天地之正者，即是顺万物之性也。御六气之辩者，即是游变化之途也。如斯而往，则何往而有穷哉？所遇斯乘，又将恶乎待哉？此乃至人之至，玄同彼我者之逍遥也。苟有待焉，则虽列子之轻妙，犹不能无风而行，故必得其所待，然后逍遥耳，况大鹏乎。夫唯与物冥而循大变者，为能无待而常通，岂自通而已哉。又顺有待者，使之不失其所待，所待不失，则同于大通矣。故有待无待，吾所不能齐也，至于各安其性，天机自张，受而不知，则吾所不能殊也。”可谓曲尽其致。虽然，自物性之平等视之，则有待无待一齐；自物之自由视之，则有待无待殊矣。故“知效一官，行比一乡，德合一君，而征一国者”，所以见小于庄子也。老子曰：“有无相生，难易相成。长短相形，高下相倾。声音相和，前后相随。”此老氏明相待之义也。老子见物理皆相待而然，故以不居守之，不居则彼此两忘也。庄子衍其说，而倡无待之义。无待者，顺天地之自然，而无所用私意也。虽有待于外，而不知有所待。《大宗师》曰："故圣人将游于物之所不得遁而皆存，善夭善老，善始善终。"又曰："为物无不将也，无不迎也，无不成也，无不毁也。"视老夭始终为一贯，将迎成毁为一条，夫何往而不自由哉？

养生之义

老子曰："故贵以生为天下者，可以寄天下；爱以身为天下者，可以托天下。"老氏之术，主于收敛，以退为进，以弱为强，身者天下之本，大而天下，小而一身，故必先由身始，故未尝以天下为不足为也。《逍遥游》曰："之人也，之德也，将磅礴万物以为一世蕲乎乱，孰弊弊焉以天下为事，是其尘垢秕糠犹将陶铸尧舜者也，孰肯以物为事。"《让王篇》曰："道之真以治身，其绪余以为国家，其土苴以治天下。由此观之，帝王之功，圣人之余事也。"天下事，皆已分内事也，治身而及天下可也，舍天下而治身不可也。庄子之言，倘亦有所激而然者与？战国之士，贪冒无耻，溺于物欲，不能自出，故庄、孟二书，皆遗荣养性。孟子曰："人人有贵于己者，弗思耳。"又曰："君子有三乐，而王天下不与存焉，广土众民，君子欲之，所乐不存焉。中天下而立，定四海之民，君子乐之，所性不存焉。君子所性，虽大行不加焉，虽穷居不损焉，分定故也。"《缮性篇》曰："乐全之谓得志，古之所谓得志者，非轩冕之谓也，谓其无以益其乐已矣，今之所谓得志者，轩冕之谓也，轩冕在身，非性命也，物之傥来寄者也，寄之其来不可圉，其去不可止，故不为轩冕肆志，不为穷约趋俗。"是以孟子耻为人臣而为王者师，庄子言让王，不得已而临莅天下，与当世悠悠风尘奔竞之士，互相映照，深可味矣。“明乎内外之分，辨乎荣辱之境”，故能自足乎己而不外求。庄、孟二子之于内心修养，阐发尤至，亦时为之耳。孟子之修养，则曰：“君子亦仁而已矣。”庄子之修养，则曰：“缘督以为经。”惟儒家明是非，道家则不言是非之名，故曰：“为善无近名，为恶无近刑。”养生者，庄子所谓可以尽年，终其天年而不中道夭之谓，故又曰：“常因自然而不益生也。”养生对戕生而言，因其性命之常，善夭善老，而不强为，与求寿者异。《刻意篇》曰：“吹呴呼吸，吐故纳新，熊经鸟申，为寿而已矣。此道引之士，养形之人，彭祖寿考者之所好也。”庄子之所养者心，养心者不为物所丧而已。孟子曰：“养心莫善于寡欲。其为人也寡欲，虽有不存焉者，寡矣。其为人也多欲，虽有存焉者，寡矣。”庄子亦曰：“其耆欲深者，其天机浅。”二家之所对治者欲也，欲多则淫于外，故庄子于外物遗荣之理，发之尤详，惟儒家养心之术，在启发其仁心，节之以礼义，道家则一欲因其自然，而视一切有为，皆为多事。《缮性篇》曰：“缮性于俗，俗学以求复其初，滑欲于俗，思以求致其明，谓之蔽蒙之民。古之治道者，以恬养知，知生而无以知为也，谓之以知养恬。知与恬交相养，而和理出其性。”此盖对溺于学而丧其性者发耳。《养生主篇》，专明养生之术者也，庖丁解牛，所以明因其固然之理也。公文轩见右师而惊，所以明不以人助天之理也。泽雉不蕲畜乎樊，所以明不以养形而害生之理也。老聃之死，所以明不死不生之理也。指穷于为薪，所以明忘生死之理也。《达生篇》曰：“壹其性，养其气，合其德，以通乎物之所造。夫若是者，其天守全，其神无却，物奚自入焉？夫醉者之坠车，虽疾不死。骨节与人同，而犯害与人异，其神全也，乘亦不知也，坠亦不知也，生死惊惧，不入乎其胸中，是故逆物而不慑。彼得全于酒而犹若是，而况得全于天乎？圣人藏于天，故莫之能伤也。”故庄子养生之术，全其天而已，依乎天理，不以人助天，不以养形而害生，不死不生，忘死生诸义，皆所以全天也。

处世之义

《外物篇》曰：“外物不可必，故龙逢诛，比干戮，箕子狂，恶来死，桀纣亡。人主莫不欲其臣之忠，而忠未必信，故伍员流于江，苌弘死于蜀，藏其血三年，化而为碧。人亲莫不欲其子之孝，而孝未必爱，故孝己忧而曾参悲。”盖人之所可必者在己，而不可必者在人，尽其在己者，而顺乎在人者，则儒道两家之所同。孟子曰：“夭寿不贰，修身以俟之，所以立命也。”庄子曰：“自事其心者，哀乐不易施乎前。知其不可奈何，而安之若命，德之至也。”二家处世，以立命为至，此其大同，惟道家主收敛，偏于退耳。《人间世篇》，庄子处世之方具焉，无可如何之时，亦惟退而隐处，故终之曰：“山木自寇也，膏火自煎也，桂可食，故伐之。漆可用，故割之。人皆知有用之用，而莫知无用之用也。”庄子弃外遗荣，物之来也不拒，其去也不止，而在乎我者固自足矣。故庄子书中恒发此意，《逍遥游》《人间世》《山木》诸篇，皆以此为归，其道邻于遁世。老子曰：“不敢为天下先。”不敢为者，非不欲为也。庄子曰：“无用为用。”夫通常所谓用者，在于外者也；庄子所谓用者，在于内者也。内外一体，帝王之功，圣人性中之事也，而得不得，无损益其性。庄子偏于贵生，故云然耳。《人间世》曰：“匠石归，栎社见梦曰：‘女将恶乎比予哉，若将比予于文木邪，夫柤梨橘柚果蓏之属，实熟则剥，剥则辱，大枝折，小枝泄，此以其能苦其生者也，故不终其天年而中道夭，自掊击于世俗者也。物莫不若是，且予求无所可用久矣，几死，今乃得之，为予大用，使予也而有用，岂得有此大也邪。”故知庄子之以无用为大用，亦安时而处顺，非有求于此。《人间世》曰：“天下有道，圣人成焉。天下无道，圣人生焉。”圣人生焉，即无用之用也。至于入世之道，一曰虚己，二曰义命，三曰玄同。颜回见仲尼，所以明虚己之理也。叶公子高将使于齐，所以明义命之理也。颜阖将傅卫灵公太子，所以明物我玄同之理也。此三德者，所操在己亡乎人，在人者虽不可必，而哀乐不入于胸，任化而不自知其所由然，物又奚能丧之哉？

无为而治

老子曰：“无为而无不为。”因其自然而为之之谓也。庄子散道德放论，要亦归之自然。《德充符》明不言之教，而人自归之。《应帝王》明无为之治，君人之术也。有君人之德，有君人之术，何往而不利哉？《应帝王》齧缺问于王倪，肩吾问狂接舆，明无为之治也。天根游于殷阳，明无利天下之心也。有君人之德，无利人之心，如是而后可行君人之术，“阳子居见老聃”“郑有神巫曰季咸”二节之所明者是也。曰：“明王之治，功盖天下而似不自己，化贷万物而民弗恃，有莫举名，使物自化，立乎不测，而游于无有者也。”又曰：“乡吾示之以未始出吾宗，吾与之虚而委蛇，不知其谁何，因以为弟靡，因以为波流。”夫曰“立于不测”，曰“未始出吾宗”者，皆君人南面之术也。所以能致此者，复明之曰：“无为名尸，无为谋府，无为事任，无为知主，体尽无穷，而游无朕，尽其所受于天，而无见得，亦虚而已。”虚则使人不可测，无为谋主事任，则臣下得效其能。《天道篇》曰：“夫帝王之德，以天地为宗，以道德为主，以无为为常。无为也，则用天下而有余；有为也，则为天下用而不足。故古之人贵乎无为也。上无为也，下亦无为也，是下与上同德，下与上同德则不臣。下有为也，上亦有为也，是上与下同道，上与下同道则不主。上必无为而用天下，下必有为为天下用，此不易之道也。”由是可知无为者君德也，君体刚而用柔。故王侯自称孤、寡、不穀，以贱为本。虚则莫能窥，贱则莫能加，无为而臣下陈力，老子无为之效，待庄子而益明矣。

墨　子

墨子学术之渊源有二。《吕氏春秋·所染篇》云："鲁惠公使宰让请郊庙之礼于天子，桓王使史角往，惠公止之，其后在鲁，墨子学焉。"此其一也。《淮南·要略篇》云："墨子学儒者之业，受孔子之术，以为礼烦扰而不悦，厚葬靡财而贫民，久服伤生而害事，故背周道而用夏政。"此其二也。《汉书·艺文志》谓："墨家出于清庙之守。"近世学者颇非之，不知古者学在天官，史卜宗祝，为文物之权舆，证之本书尊天明鬼之教，盖可信矣。况吕氏之言，又先班氏而发之与。孔子称禹之功曰："菲饮食而致孝乎鬼神，恶衣服而致美乎黻冕，卑宫室而尽力乎沟洫。"与墨子之言夏道，大略相同。丧祭之礼，儒者之所称述，亦前质后文，墨子之言礼，可征非诬。惟儒者生文胜之世，不欲举鄙朴之制而强人行之耳。墨子之学，以天志为本，不言天志，则兼爱无根，尚同无据。东周以前，吾国学术，以天为教者也，《诗》《书》所记，厥明彰矣。民智日启，神道设教，其用不神，孔老有作，则反求本心，以为道德伦理根据，而纳民于斯轨之中，墨子见尧、舜、禹、汤、文、武、成、康之盛，敬事天地，而以周末敝乱归于天教不明。故孔老虽前，新教也；墨子虽晚，旧教也。《淮南》所谓"背周用夏"者，专就改文从质而谈，至其学术思想之本源，实出于清庙之守，史角则其先师。吾国学术，古掌于巫史，阴阳家是其正传，儒家取其礼文，而去其怪妄，益以性天之学，以名其家。墨家出于清庙，与阴阳家最为近，《史记》谓邹衍之学“归本于仁义节俭君臣上下六亲之施”，与墨子大同，惟阴阳家之蔽，流于机祥小数，墨家以实利为归，不信禁忌，所以异矣。故墨子之学术渊源本于儒与史角，以天志为本，以利用为归。

天　志

《鲁问篇》曰：“国家昏乱，则语之尚贤尚同；国家贫，则语之节用节葬；国家熹音湛湎，则语之非乐非命；国家淫僻无礼，则语之尊天事鬼；国家务夺侵凌，即语之兼爱非攻。”斯十义者，墨子之所立也。虽然，此皆就救敝而言，若夫墨子之学术系统，故有轻重，如人之一身五官百骸，皆有所用，而心实为之官。天志则墨子学术之心也。墨子学术思想，莫重于兼爱尚同。以不相爱为乱之所起，故以“兴天下之利，除天下之害”为归。国与国之相攻，家与家之相篡，人与人之相贼，皆由不相爱而来。人能相爱也，而无以一之，一人一义，十人十义，亦大乱之道，故尚同者，所以齐一之。非攻由兼爱之义而非之也。节用、节葬、非乐，由于无利而非爱人也。尚贤，尚同之实也。非命，为其妨于贤也。明鬼，所以督之使贤也。故非攻、尚贤、非乐、明鬼、非命、节用、节葬七义，可以兼爱、尚同统之。兼爱、尚同又以天志为之根据，不可不察矣。《天志上》曰：“顺天意者，兼相爱，交相利，必得赏。反天意者，别相恶，交相贼，必得罚。”《兼爱下》曰：“今天兼天下而食焉，我以此知其兼爱天下之人也。”是非兼爱之说本于天志乎？《天志上》曰：“天子未得次己而为政，有天政之。”《尚同中》曰：“天子而未尚同乎天者，则天菑将犹未止也。”是非尚同之说本于天志乎？《天志上》曰：“我有天志，譬若轮人之有规，匠人之有矩。轮匠执其规矩，以度天下之方员，曰中者是也，不中者非也。”是天志为墨学根本，墨子固自言之，不可诬也。吾国道德伦理根据，在孔老以前，皆本于天志。天秩天讨，皆是也。自孔老以来，始反求本心。惟道家以遮为显，与儒家异。墨子之学，一本于古，其所谓义，皆以天为根。茫茫天意，何从而知之，以祸福察之也。《天志上》曰：“昔三代圣王禹汤文武，此顺天意而得赏者。昔三代之暴王桀纣幽厉，此反天意而得罚者也。然则禹汤文武其得赏何以也？子墨子言曰：其事上尊天，中事鬼神，下爱人。故天意曰：此我之所爱，兼而爱之；我之所利，兼而利之。然则桀纣幽厉得其罚何以也？子墨子言曰：其事上诟天，中诟鬼，下贼人。故天意曰：此我之所爱，别而恶之；我之所利，交而贼之。”兼爱交利，墨教之主旨也，而其本则在于天，其所以得赏罚者，以顺天逆天为判。爱与利，墨子所谓义也；恶与贼，墨子之所谓不义也。《天志上》曰：“天欲义而恶不义。”故墨家所谓义，非自心出者也。墨子所谓天，与初民无异，谓有意志。《天志中》曰：“若毫之末，非天之所为也。”俞樾云：“非上捝无字。”此以天为造物之主也。又曰：“然则孰为贵，孰为知？曰：天为贵，天为知。”此以天为贵且知也。又曰：“天子为善，天能赏之。天子为暴，天能罚之。天子有疾病祸祟，必斋戒沐浴洁为酒醴粢盛以祭祀天鬼，则天能除去之。”此以天为威权而公平也。《鲁问篇》曰：“夫天之有天下也，亦犹君之有四境之内也。”此以天为天下之主也。然而墨子虽尊天，其所征验，亦在于人，故每以天鬼百姓对称。《春秋》以天统君，礼莫隆于郊祀，天子以下，则不得父天母地，天视自我民视，天听自我民听。惟儒家仅藉天以统君而已，斯其别焉。

兼 爱

墨子见天下之乱，起于不相爱，故矫之以兼爱。孔老皆曰泛爱，仁心充塞，于物无不爱也。爱者心之理，其起有待。儒家“亲亲而仁民，仁民而爱物”，其归亦兼爱，其始则有差等，所以异也。故墨子兼爱之不可通者，非在其遍与不遍，非在其难与易，乃在其无缘耳。孟子曰：“墨子兼爱，是无父也。”古今善论墨学者，无过斯言。此亦儒墨两家根本不同之点，其余虽同，无益其为异矣。儒家所谓伦理道德，以祖为本，墨家则以天为本。儒家之学，自周公以来，已启其端，自孔子以后而大明，丧服为嫡长子三年，昏礼冕而亲迎，一则以传重为说，一则以求助为说，至于立身行道，皆以不忘亲为归。虽然，此非太古之说也。《戴记》曰：“万物本乎天，人本乎祖。”《穀梁》曰：“独阴不生，独阳不生，独天不生，三合然后生，故曰母之子也可，天之子也可。”荀卿曰：“礼有三本。天地者，生之本也；先祖者，类之本也；君师者，治之本也。”于儒家学说中，尚可以考见旧来人出于天之遗迹。《天志上》曰：“然则何以知天之爱天下之百姓，以其兼而明之。何以知其兼而明之，以其兼而食焉。”此墨子兼爱之根据也。自事实言之，人从有生，三年然后免于父母之怀，教养之恩，昊天罔极，自天而视之，则视人之父若其父，无不可也；自人而视之，则视人之父若其父，何缘而起此心哉？墨子之短丧节葬，谓其害事也，谓其靡财也，非尽心之义也。制为丧葬之礼，所以副情，非直为观美，然后快于人心，墨子之心安乎？使兼爱之情发于性中，则必不安于薄其亲，使出于事之利害而兼爱，则兼爱不出于至诚，伪必不可久，此墨学之蔽也。至诋儒家之慕父母为至愚，尤非仁者之言，无惑乎孟子斥之为禽兽。故儒墨之异，在此不在彼。苟徒在事上校量得失，虽驩兜滔天之词，复何益矣。《兼爱下》曰："使其一士者执别，使其一士者执兼。是故别士之言曰：'吾岂能为吾友之身若为吾身，为吾友之亲若为吾亲？'是故退睹其友，饥即不食，寒即不衣，疾病不侍养，死丧不葬埋。别士之言若此，行若此。兼士之言不然，行亦不然，曰：'吾闻为高士于天下者，必为其友之身若为其身，为其友之亲若为其亲，然后可以当高士于天下。'是故退睹其友，饥则食之，寒则衣之，疾病侍养之，死丧葬埋之。兼士之言若此，行若此。"墨子所谓别士者，直禽兽也，儒家固不如此，儒家推恩，爱有厚薄，无不爱也，而由亲始。墨家诚如此，则无以异于儒；不如此，则爱心何自起。墨子徒欲矫天下之敝，而为过激之言，其说无根。惠施言"天地万物一体"，所以为兼爱立根据也。夷之言"爱无差等，施由亲始"，此则用儒家"施由亲始"之说，以调和墨家"爱无差等"之说也。即以一体而论，爱元首与爱毛发亦不无轻重先后，养其小而失其大，岂非狂惑之人哉？墨子尝以爱利志功对举，爱者志也，利者功也，而爱利志功，往往不能相应，儒家偏于爱志，墨家偏于利功。《大取篇》曰："天之爱人也，薄于圣人之爱人也；其利人也，厚于圣人之利人也。大人之爱小人也，薄于小人之爱大人也；其利人也，厚于小人之爱大人也。"此薄爱志而重利功之证。以墨子之说推之，则贫子之爱其亲也，厚于富者之爱其奴也，其利亲也，不若富人之利奴也。此种计算，未敢苟同。故墨子之计爱利志功，合志功而观，利之中取大，与百家同，惟当志功不相从时，志小而功大，志大而功小，墨子尚功而不贵志，与儒家异。墨子薄葬短丧之理论所由起也。兼爱之目的，在于余力相劳，余财相分，良道相教，化国家人我之分界，而入于兼爱交利之域，与儒家所谓仁民爱物、民胞物与究不能无分，盖儒家始终皆有差等也。若进而至于大同，则社会组织，一切变更，则道德亦从之而变。使墨子之学说可通，则必以天志为本，变更社会之组织。吾之所以批评墨子者，就现世之社会与儒家之观点而言之耳。吾之所以最钦乎墨子者，在其能损己利人，足以药今损人利己之病，虽其持论或有不根，亦矫枉不嫌过正之道与?《大取篇》曰："杀一人以存天下，非杀人以利天下也；杀己以存天下，是杀己以利天下也。"此心此志，吾尝以此自勉，亦愿世人三复斯言。

尚　同

墨子极端主张民主政体者也，极端主张贤人政治者也。尚同、尚贤实相为表里，舍尚贤而言尚同，是无异于率虎狼而食人也。《尚同上》曰："古者民始生未有刑政之时，盖其语人异义。是以一人则一义，二人则二义，十人则十义，其人兹众，其所谓义亦兹众。是以人是其义，以非人之义，故交相非也。"此言无政长之害也。又曰："明乎天下之所以乱者，生于无政长，是故选天下之贤可者，立以为天子。天子立，以其力为未足，又选择天下之贤可者，置立之以为三公。天子三公既以立，以天下为博大，远国异土之民，是非利害之辩，不可一二而明知，故画分万国，立诸侯国君。诸侯国君既已立，以其力为未足，又选择其国之贤者，置立之以为政长。政长既已具，天子发政于天下之百姓，言曰：'闻善皆以告其上，上之所是，必皆是之，所非必皆非之。上有过则规谏之，下有善则傍荐之。'"此言政体之组织也。孟子之言，与此全同，曰："得乎丘民而为天子，得乎天子为诸侯，得乎诸侯为大夫。"又曰："天子能荐人于天，不能使天与之天下。"其归则天下为公、选贤与能而已。虽同以天统君，而所征验则在于民，谓之天主政制可也，谓民主政治亦可也。惟孟子虽言天子以得民为本，而未公言选举，与墨子少异。综观墨子之说，约有数义，天子之所守者，曰尊天，曰爱民，曰率民于义，曰纳谏，曰傍荐；民之所守者，曰从上之是非，曰选举贤良，曰规谏。数义果行，是大同之世也。当时是否能行，虽不可知，其学术之可贵，固不以此加损，故尚同者为政之极则也。然贤人用之，不能禁暴人不用之也，是以尚贤、尚同不可离矣。

尚 贤

周末封建世卿之敝，不可掩饰，而天下为公、选贤与能之说兴，儒、墨其最显著者矣。尚同明百姓选贤之义，尚贤明人君用贤之义，亦如近世有选任、特任、简任之别也。国家得贤则治，失贤则乱，此定理也。《尚贤上》曰："故大人之务，将在于众贤而已。"又曰："况又有贤良之士，厚乎德行，辩乎言谈，博乎道术者乎？此固国家之珍而社稷之佐也，亦必且富之贵之，敬之誉之，然后国之良士亦将可得而众也。"此言众贤之道也。又曰："不义不富，不义不贵，不义不亲，不义不近。"是又去富贵亲近之害政而使之出于义也。古者富贵、知识、道德合而为一，久之则富且贵者徒倚阶级而富贵，而德知亡焉。小民有德慧术知者，格于阶级而不得申，故亲贵为诸子政治之公敌，无不欲去之。墨子之言用人，惟在以贤，不以阶级。《尚贤上》曰："故古者圣王之为政，列德而尚贤，虽在农与工肆之人，有能则举之，高予之爵，重予之禄，任之以事，断予之令。曰：'爵位不高则民弗敬，蓄禄不厚则民不信，政令不断则民不畏。'举三者授之贤者，非以赐贤也，欲其事之成。"盖禄爵令三者，事之具也，三者缺一，则虽有贤者，无所施才。见贤不能举，举而不能用，用而不能专，此贤才之所以多抑郁而不申也。《尚贤下》曰："今王公大人有一牛羊之财不能杀，必索良宰；有一衣裳之财不能制，必索良工。"此言用人当知其才能之异同也。《尚贤中》曰："是故不能治百人者，使处乎千人之官；不能治千人者，使处乎万人之官。此其故何也？曰：'处若官者爵高而禄厚，故爱其色而使之焉。'"此言用人当知其才能之大小也。用人者患不知此，而责人不贤，苟能知人善任，则朝无幸进之人，野无抑郁之士，事有不举，功有不就者哉？

非 攻

《兼爱上》曰："盗贼不爱其异室，故窃异室以利其室；贼爱其身不爱人，故贼人以利其身。此何也？皆起不相爱。虽至大夫之相乱家，诸侯之相攻国者，亦然。大夫各爱其家，不爱异家，故乱异家以利其家。诸侯各爱其国，不爱异国，故攻异国以利其国。"天下之乱物具此而已矣。天下之祸，莫烈于攻战。争地以战，杀人盈野，争城以战，杀人盈城，患乱无穷，皆由不相爱，兼爱即所以止战也。地有余而财不胜用，侵略无已，此诚何心哉？墨子直名之曰"有窃疾矣"。战争者，非受祸之国不利，于己亦无利焉。夺民时，费民财，寡人妻，孤人子，以求无益之虚名，假义而为利者也。此墨子之所痛诋矣。墨子既倡兼爱之教，以救好战者之心，又为守战之备，以待好战者之国。《公输篇》云："墨子见王，曰：'闻大王举兵将攻宋，计必得宋乃攻之乎，亡其不得宋且不义，犹攻之乎？'王曰：'必不得宋，且有不义，则曷为攻之？'墨子曰：'甚善。臣以为王必不可得。'王曰：'公输般天下之巧工也，已为攻宋之械矣。'墨子曰：'令公输般设攻，臣请守之。'于是子墨子解带为城，以牒为械，公输般九设攻城之机变，墨子九距之，公输般之攻械尽，墨子之守械有余。”《备城门》以下诸篇，悉守械之术，难攻则好战者怯，然而墨子固非攻而不非诛也，诛者义战，此与孟子之非战而称汤、武放伐为诛一夫，同一辙也。

明 鬼

鬼有人鬼、天鬼之分，神权时代之所信奉以为教者也。儒家敬鬼神而远之，于鬼之有无，初未明言，隆于祭祀，所以使民追远报本，以生其恭敬之心焉，以为文之矣。墨子以儒者为不信鬼神，墨子之私言也。儒者于鬼神之有无，故未尝言之，恐人之忘其亲也。墨子之所厚者天鬼也，儒家之所隆者人鬼也。墨家明鬼而薄葬短丧，非以人鬼不能为祸福耶？墨子所谓鬼者，有灵验，能为祸福者也。《公孟篇》：“巫马子谓子墨子曰：‘鬼神孰与圣人明智？’子墨子曰：‘鬼神之明智于圣人，犹聪明耳目之与聋瞽也。’”又曰：“有游于子墨子之门者，谓子墨子曰：‘先生以鬼神为明智，能为祸人哉福，为善者富之，为暴者祸之。今吾事先生久矣，而福不至。意者先生之言有不善乎？’”墨子见当时之人以天为不明，鬼为不神，既不能以义教之，故假于鬼神以威之，所谓“国家淫僻无礼，则语之尊天事鬼”者矣。《明鬼篇》曰：“逮至三代圣王既没，天下失义，诸侯力正，是以存夫为人君臣上下者之不惠忠也，父子兄弟之不慈孝弟长贞良也，正长之不强于听治，贱人之不强于从事也。民之为淫暴寇乱盗贼，以兵刃毒药水火退无罪人乎道路率径，夺人车马衣裘以自利者，并作由此始，是以天下乱。此其故何以然也？则皆以疑惑鬼神之有与无之别，不明乎鬼神之能赏贤而罚暴也。”然则墨子之用心所在可知。幽明之事，其理难言，故不可以非官感所接而随意非之耳。

非　命

天命之说，由来已旧，至儒、道而其义一变。孔子曰："道之将行也与，命也；道之将废也与，命也。""耳目四肢之欲。"孟子曰："性也，有命焉。""圣人之于天道。"孟子曰："命也，有性焉。"庄子曰："知其不可奈何而安之若命。"儒、道两家之于命也，对性而言，于外物则谓之命，于仁义则谓之性，故孟子曰："不知命，无以为君子。"又曰："夭寿不贰，修身以俟之，所以立命也。"命为儒、道两家最高之学说。墨子之所非者，与儒、道两家之命，判然不同。墨子之所谓义者，则儒、道两家所谓性也。《非命篇》曰："今执有命者之言曰：命富则富，命贫则贫，命众则众，命寡则寡，命治则治，命乱则乱，命寿则寿，命夭则夭。上以说王公大人，下以阻百姓之从事，故执有命者不仁。"又曰："王公大人蕡若信有命而致行之，则必怠乎听狱治政矣，卿大夫必怠乎治官府矣，农夫必怠夫耕稼树艺矣，妇人必怠乎纺绩织纴矣。"是则墨子之所非者，儒、道两家亦且非之，况儒、道两家天命之说，固有至理，圣人之于天道谓之性，夫何至于害事，外物不可得，而归之于命，故能乐天知命而安于道，夫何有怠惰之患？

节　用

天下之患，生于不足，故孟子曰："使有菽粟如水火，而民焉有不仁者乎？"荀卿亦曰："节用裕民，而善藏其余。节用以礼，裕民以政。"惟周人以礼为重，俭不中礼，君子无取焉。"有其礼无其财，君子不行”，“国奢则示之以俭”，皆儒者之言。而礼有常制，不可逾越，不能备礼，是之谓变。墨子见俭之利，因以非礼乐，其言不无太过，荀、庄二子之所以掊击墨家者，即在于此。墨子常忧天下之不足，故昌为节用之教，人之不相爱，而损人以利己，实则由于己之不足，故父不爱其子，兄不爱其弟，如能节用，即可以防止诸多悖理之事，此墨子之意也。《节用上》曰：“圣人为政一国，一国可倍也；大之为政天下，天下可倍也。其倍之，外非取地也，因其国家去无用之费，足以倍之。圣王为政，其发令兴事，使民用财也，无不加用而为者，是故用财不费，而民德不劳，其兴利多也。”儒家于此与墨家无弗同，其不同即在墨家所认为无用之费，儒家或以为有用耳。《节用上》曰：“其为衣裘何？以为冬以圉寒，夏以圉暑。凡为衣裘之道，冬加温、夏加清者，芊䱉不加者去之。”此墨子对于衣服之节也。又曰：“其为宫室何？以为冬以圉风寒，夏以圉暑雨，有盗贼加固者，芊䱉不加者去之。”此墨子对于宫室之节也。又曰：“其为甲盾五兵何？以为以圉寇乱盗贼，若有寇乱盗贼，有甲盾五兵者胜，无者不胜，是故圣人作为甲盾五兵。加轻以利、坚而难折者，芊䱉不加者去之。”此墨子对于甲盾之节也。又曰：“其为舟车何？以为车以行陵陆，舟以行川谷，以通四方之利。凡为舟车之道，加轻以利者，芊䱉不加者去之。”此墨子对于舟车之节也。《节用中》曰：“是故古者圣王制为节用之法曰：凡天下群百工，轮车鞼匏陶冶梓匠，使各从事其所能。曰：凡足以奉给民用，则止。诸加费不加于民利者，圣人弗为。”此墨子对于器用之节也。又曰：“古者圣王制为饮食之法曰：足以充虚继气，强股肱，耳目聪明，则止。不极五味之调、芬香之和，不致远国珍怪异物。何以知其然？古者尧治天下，南抚交阯，北降幽都，东西至日所出入，莫不宾服，逮至其厚爱。黍稷不二，羹胾不重，饭于土塯，啜于土形，斗以酌。俯仰周旋威仪之礼，圣王弗为。”此墨子对于饮食之节也。《节用上》曰：“昔者圣王为法曰：丈夫年二十，毋敢不处家。女子年十五，毋敢不事人。此圣王之法也。圣王既殁，于民次也。其欲蚤处家者，有所二十年处家；其欲晚处家者，有所四十年处家。以其蚤与其晚相践，后圣王之法十年。若纯三年而字，子生可以二三年矣。此不惟使民蚤处家，而可以倍与？且不然也。”此墨子对于男女之节也。凡此数者，除甲盾而外，皆人生日用之事，人欲无穷，物力有限，苟无节制，其害大也。惟儒家言节用与墨同，而所节则异，儒家虽主张节用，但必节之以礼。孔子曰：“管敬仲贤大夫也，难为上也；晏平仲贤大夫也，难为下也。”意在以礼为节，使上不逼上，下不逼下。荀卿《礼论》曰：“礼起于何也？曰：人生而有欲，欲而不得，则不能无求，求而无度量分界，则不能不争，争则乱，乱则穷，先王恶其乱也，故制礼义以分之，以养人之欲，给人之求，使欲必不穷乎物，物必不屈于欲，两者相持而长，是礼之所起也。故礼者养也：刍豢稻粱，五味调香，所以养口也；椒兰芬苾，所以养鼻也；雕琢刻镂，黼黻文章，所以养目也；钟鼓管磬，琴瑟竽笙，所以养耳也；疏房檖貌，越席床笫几筵，所以养体也。故礼者养也。君子既得其养，又好其别。曷谓别？曰贵贱有等，长幼有差，贫富轻重，皆有称者也。故天子大路越席，所以养体也；侧载睪芷，所以养鼻也；前有错衡，所以养目也；和鸾之声，步中武象，趋中韶濩，所以养耳也；龙旗九斿，所以养信也；寝兕、持虎、蛟韅、丝末、弥龙，所以养威也。故大路之马，必倍至教顺然后乘之，所以养安也。孰知夫出死要节之所以养生也，孰知夫出费用之所以养财也，孰知夫恭敬慈让之所以养安也，孰知夫礼义文理之所以养情也，故人苟生之为见，若者必死。苟利之为见，若者必害。苟怠惰之为安，若者必危。苟情说之为乐，若者必灭。故人一之于礼义，则两得之矣。一之于情性，则两丧之矣。儒者将使人两得之者也，墨者将使人两丧之者也，是儒墨之分也。”与墨子之言比观，则知儒者虽节用，与墨者固不同也。

节　葬

墨子之节葬，忧不足也。故生则节用，死则节葬，死生一也。其义在于实利，故墨子之权衡仁义，以利为程。《节葬下》曰：“天下失义，后世之君子，或以厚葬久丧以为仁也义也，孝子之事也；或以厚葬久丧以为非仁义，非孝子之事也。曰二子者，言则相非，行即相反，皆曰吾上祖述尧、舜、禹、汤、文、武之道也，而言即相非，行即相反，于此乎后世之君子，皆疑惑乎二子者言也。若苟疑惑乎二子者言，然则姑尝传而为政乎国家万民而观之。计厚葬久丧，奚当此三利者？我意若使法其言，用其谋，厚葬久丧，实可以富贫众寡、定危治乱乎？此仁也，义也，孝子之事也，为人谋者不可不劝也。仁者将兴之天下，谁贾而使民誉，终勿废也。意亦使法其言，用其谋，厚葬久丧，实不可以富贫众寡、定危理乱乎？此非仁非义，非孝子之事也，为人谋者不可不沮也。仁者将求除之天下，相废而使人非之，终身勿为。”此以实利为判之证也。又曰：“然则姑尝稽之。今虽毋法执厚葬久丧者言，以为事乎国，此存乎王公大人有丧者，曰棺椁必重，葬埋必厚，衣衾必多，文绣必繁，丘陇必巨。存乎匹夫贱人死者，殆竭家室。存乎诸侯死者，虚车府，然后金玉珠玑比乎身，纶组节约，车马藏乎圹，又必多为屋幕、鼎鼓、几梃、壶滥、戈剑、羽毛齿革，寝而埋之，满意，若送从。曰：天子杀殉，众者数百，寡者数十。将军大夫杀殉，众者数十，寡者数人。处丧之法将奈何哉，曰：哭泣不秩，声翁，缞绖，垂涕，处倚庐，寝苫枕甴。又相率强不食而为饥。薄衣而为寒，使面目陷陬，颜色黧黑，耳目不聪明，手足不劲强，不可用也。”此言厚葬久丧之害也。姑尝以儒者之论，与墨者之言比观，则儒者起于心之不忍，墨者起于事之不可，其较大明。孟子曰：“盖上世尝有不葬其亲者，其亲死则举而委之于壑。他日过之，狐狸食之，蝇蚋姑嘬之，其颡有泚，睨而不视。夫泚也，非为人泚，中心达于面目，盖归反蔂，梩而掩之，掩之诚是也，则孝子仁人之掩其亲，亦必有道矣。”此言葬埋之礼所由起也。孔子答宰予问三年之丧，曰：“食夫稻，衣夫锦，于女安乎？”曰：“安。”“女安则为之。夫君子之居丧，食旨不甘，闻乐不乐，居处不安，故不为也。今女安，则为之。”宰我出，子曰：“予之不仁也。子生三年，然后免于父母之怀。夫三年之丧，天下通丧也。予也有三年之爱于其父母乎？”此言丧服之礼所由起也。孟子曰：“古者棺椁无度，中古棺七寸，椁称之，自天子达于庶人，非直为观美也，然后尽于人心，不得不可以为悦，无财不可以为悦，得之为有财，古之人皆用之，吾何为独不然，且比化者，无使土亲肤，于人心独无恔乎。吾闻之也，君子不以天下俭其亲。”儒者葬埋不敢薄其亲，事死如事生也。不以天下俭其亲，对墨者而言耳。儒家主于尽心，故孔子曰：“敛手足形，还葬而无封，称其财，斯谓之礼。”是并拘于器用之厚薄。天子诸侯之礼，厚于士庶人者，所以别尊卑、明贵贱也。至于丧服之制，所以崇厚反本，三日而食，不以死伤生，以灭性为非礼，礼有释服之制，必不致废事。墨子之所讥者，衰世之失礼耳。竭家室，虚车府，杀人以殉，虽儒者亦将非之。墨子恐人心之不安于节葬短丧，乃为之说曰：“今执厚葬久丧者言曰：‘厚葬久丧果非圣王之道，夫胡说中国之君子为而不已、操而不择哉？’子墨子曰：‘此所谓便其习而义其俗者也。昔者越之东有輆沭之国者，其长子生则解而食之，谓之宜弟；其大父死，负其大母而弃之，曰鬼妻不可与居处。此上以为政，下以为俗，为而不已，操而不择，则此岂实仁义之道哉？此所谓便其习而义其俗者也。楚之南有炎人之国者，其亲戚死，朽其肉而弃之，然后埋其骨，乃成为孝子。秦之西有仪渠之国者，其亲戚死，聚柴薪而焚之，熏上，谓之登遐，然后成为孝子。此上以为政，下以为俗，为而不已，操而不择，则此岂仁义之道哉？此所谓便其习而义其俗者也。'"其言虽辩，实无当于理，蛮夷之俗，蛮夷之人安之；中国之俗，中国之人安之。无论其为仁义否也，若以为非义，必有以破其故俗而代之以新制，使之心安者，今墨子无此也，惟以利为本，是逆于人心，而不达丧葬之礼所由起矣。

非　乐

庄子之论墨子曰："作为非乐，命之曰节用。"墨子之非乐，亦节用而生也，实用者固不可非，而不知调和人之性情者，是又用之大者也。人之生活，最初不过衣食住行，苟此四者皆已具足，则必更求美满之生活，饱食终日，而行为无法，必至于禽兽，有法以节其行为，而无乐以和易其性情，发舒其精神，久之亦必有河决防逾之险，其为害烈矣。故儒家重礼乐，礼以节之，乐以和之，墨子不知也，徒见俭之利，因以非乐。《非乐上》曰："仁之事者，必务兴天下之利，除天下之害，将以为法乎天下。利人乎即为，不利人乎即止。且夫仁者之为天下度也，非为其目之所美，耳之所乐，口之所甘，身体之所安，以此亏夺民衣食之财，仁者弗为也。是故子墨子之所以非乐者，非以大钟鸣鼓、琴瑟竽笙之声以为不乐也，非以刻镂华文章之色以为不美也，非以犓豢煎炙之味以为不甘也，非以高台厚榭邃野之居以为不安也。虽身知其安也，口知其甘也，目知其美也，耳知其乐也，然上考之不中圣王之事，下度之不中万民之利，是故子墨子曰：为乐非也。”此墨子非乐之意也。墨子非乐之义，约有数端：一曰乐器废财。《非乐上》曰：“今王公大人虽无造为乐器，以为事乎国家，非直掊潦水、折壤坦而为之也，将必厚措敛乎万民，以为大钟鸣鼓、琴瑟竽笙之声。古者圣王亦尝厚措敛乎万民，以为舟车，既已成矣，曰：‘吾将恶许用之?’曰：‘舟用之水，车用之陆，君子息其足焉，小人休其肩背焉。’故万民出财赍而予之，不敢以为戚恨者，何也，以其反中民之利也。然则乐器反中民之利亦若此，即我弗敢非也。然则当用乐器譬之若圣王之为舟车也，即我弗敢非也。民有三患，饥者不得食，寒者不得衣，劳者不得息，三者民之巨患也。然即当为之撞巨钟，击鸣鼓，弹琴瑟，吹竽笙，而扬干戚，民衣食之财将安可得乎?”二曰听乐废事。《非乐上》曰：“今王公大人唯毋处高台厚榭之上而视之，钟犹是延鼎也，弗撞击将何乐得焉哉? 其说将必撞击之。惟勿撞击，将必不使老与迟者，老与迟者耳目不聪明，股肱不毕强，声不调和，明不转朴。将必使当年，因其耳目之聪明，股肱之毕强，声之调和，眉之转朴。使丈夫为之，废丈夫耕稼树艺之时；使妇人为之，废妇人纺绩织纴之事。今王公大人唯毋为乐，亏夺民衣食之财，以拊乐如此多也。是故子墨子曰：为乐非也。今大钟鸣鼓、琴瑟竽笙之声既已具矣。大人锈然奏而独听之，将何乐得哉? 其说将必与贱人不与君子。与君子听之，废君子听治；与贱人听之，废贱人之从事。今王公大人惟毋为乐，亏夺民之衣食之财以拊乐如此多也。是故子墨子曰：为乐非也。”是墨子之非乐，亦有为而发。墨子非乐，包含一切奢侈之事，动曰亏夺民衣食之财，夺民衣食以为淫乐，虽儒家亦非之，墨子之所非者，其在此不在彼耶。

商君书

《庄子·天道篇》曰："是故古之明大道者，先明天而道德次之。道德已明，而仁义次之。仁义已明，而分守次之。分守已明，而形名次之。形名已明，而因任次之。因任已明，而原省次之。原省已明，而是非次之。是非已明，而赏罚次之。赏罚已明，而愚知处宜，贵贱履位，仁贤不肖袭情。必分其能，必由其名。以此事上，以此畜下，以此治物，以此修身。知谋不用，必归其天。此之谓大平，治之至也。故书曰：有形有名。形名者，古人有之，而非所以先也。古之语大道者，五变而形名可举，九变而赏罚可言也。骤而语形名，不知其本也。骤而语赏罚，不知其始也。倒道而言，迕道而说者，人之所治也，安能治人？骤而语形名赏罚，此有知治之具，非知治之道，可用于天下，不足以用天下。此之谓辩士，一曲之人也。"法家之所持以为治者，形名赏罚而已。以庄子观之，则皆"倒道而言，迕道而说"者。商君为治，其政策曰抟力、杀力。《去强篇》曰："国强而不战，毒输于内，礼乐虱官生，必削。国遂战，毒输于敌，国无礼乐虱官，必强。"《说民篇》曰："民之所欲万，而利之所出一。民非一则，无以致欲，故作一。作一则力抟，力抟则强。强而用，重强。故能生力，能杀力，曰攻敌之国，必强。塞私道以穷其志，启一门以致其欲，使民必先行其所要，然后致其所欲，故力多。力多而不用则志穷，志穷则有私，有私则有弱。故能生力，不能杀力，曰自攻之国。"此可用于天下而不足以用天下之明验也。观商君治秦，其内外之政策，与今帝国相似，虽非长久之计，其致富强之速，则不可诬矣。其搏力之道，使利出于一孔，故贵耕战而贱《诗》《书》，修廉商官技巧，其杀力之道，则输毒于敌。《商君》一书所言，大抵如此。

农　战

《壹言篇》曰："凡将立国，制度不可不时也，治法不可不慎也，国务不可不谨也，事本不可不搏也。时则国俗可化而民从制，治法明则官无邪，国务壹则民应用，事本搏则民喜农而乐战。夫圣人之立法化俗而使民朝暮从事于农也，不可不知也。夫民之从事死制也，以上之设荣名、置赏罚之明也，不用辩说私门而功立矣。故民之喜农而乐战也，见上之尊农战之士，而下辩说技巧之民，而贱游说之人也。故民一务，其家必富，而身显于国。私门不请于君，若此而功臣劝，则上令行而荒草辟，淫民止而奸无萌。治国能持民力而壹民务者强，能事本而禁末者富。夫圣人之治国也，能搏力，能杀力。制度察则民力搏，搏而不化则不行，行而无富则生乱。故治国者，其搏力也以富国强兵也，其杀力也以事敌劝民也。"商君全部政策，于此可见，其目的在富国强兵。壹务事本，则民出于农战，而致富强之效。夫欲使民出于农战，则必绝私门之请，禁《诗》《书》文学、善修仁廉辩慧之士，而贱商官末技之民，盖不塞彼则不出于此也。故《农战篇》曰："凡人主之所以劝民者，官爵也；国之所以兴者，农战也。今民求官爵皆不以农战，而以巧言虚道，此谓劳民。劳民者，其国必无力；无力，其国必削。善为国家者，皆作壹而得官爵。是故不官无爵。国去言则民朴，民朴则不淫。民见上利之从壹孔出也，则作壹，作壹，则民不偷营，民不偷营则多力，多力则国强。今境内之民皆曰农战可避，而官爵可得也。是故豪杰皆可变业，务学《诗》《书》，随从外权，上可以得显，下可以求官爵，要靡事商贾为技艺，皆可以避农战。具备，国之危也。”又曰：“百姓曰：‘我疾农，先实公仓，收余以食亲，为上忘生而战，以尊主安国也。仓虚，主卑，家贫，然则不如索官。’亲戚交游合，则更虑矣。豪杰务学《诗》《书》，随从外权，要靡事商贾为技艺，皆可以避农战。民以此为教，则粟焉得无少，而兵焉得无弱也。善为国者，官法明，故不任知虑；上作壹，故民不荣，则国力抟。国力抟者强，国好言谈者削。故曰农战之民千人，而有《诗》《书》辩慧者一人焉，千人者皆怠于农战矣。农战之民百人，而有技艺者一人焉，百人者皆怠于农战矣。国待农战而安，主待农战而尊。夫民之不农战也，上好言而官失之也。”

修　权

商君详于法而略于术，《韩非·定法篇》论之曰：“公孙鞅之治秦也，设告相坐而责其实，连什伍而同其罪，赏厚而信，刑重而必。是以其民用力，劳而不休，逐敌危而不却，故其国富而兵强；然而无术以知奸，则其富强也，资人臣已矣。及孝公、商君死，惠王即位，秦法未败也，而张仪以秦殉韩、魏。惠王死，武王即位，甘茂以秦殉周。武王死，昭襄王即位，穰侯越韩、魏而东攻齐，五年而秦不益尺土之地，乃城其陶邑之封；应侯攻韩八年，城其汝南之封。自是以来，诸用秦者，皆应、穰之类也。故战胜而大臣尊，益地而私封立，主无术以知奸也。商君虽十饰其法，人臣反用其资。故乘强秦之资，数十年而不至于帝王者，法不勤饰于官，主无术于上之患也。”今观商君之书，于君人之术，未尝不概乎有闻，但未逮韩非深察耳。《弱民篇》曰："法有民安，其次主变，事能得齐。国守安，主操权利。故主贵多变，国贵少变。"《修权篇》曰："国之所治者三：一曰法，二曰信，三曰权。法者，君臣之所共操也。信者，君臣之所共立也。权者，君之所独制也。人主失守则危，君臣释法任私必乱。故立法明分，而不以私害法则治，权制独断于君则威。"又曰："凡人臣之事君也，多以主所好事君。君好法则臣以法事君，君好言则臣以言事君。君好法则端直之士在前，君好言则毁誉之臣在侧。公私之分明，则小人不疾贤而不肖者不妒功。故尧舜之位天下也，非私天下之利也，为天下位天下也。论贤举能而传焉，非疏父子亲越人也，明于治乱之道也。"盖法出于刑名，而术本于黄老，故申韩于术特深，商君比之，则瞠乎其后矣。

重 刑

商君之治，行刑重其轻者，以为轻者不生，而重者不来，可以偷取一时，而不可长用也，故韩非于此，多所修正。重其轻者，则民不畏死，而重者至也。刑过重，则奸不上闻，而上下相蒙，此其蔽也。《开塞篇》曰："治国刑多而赏少，乱国赏多而刑少。故王者刑九而赏一，削国赏九而刑一。夫过有厚薄，则刑有轻重；善有大小，则赏有多少。此二者世之常用也。刑加于罪所终，则奸不去；赏施于民所义，则过不止。刑不能禁奸而赏不能止过者，必乱。故王者刑用于将过，则大邪不生；赏施于告奸，则细过不失。治民能使大邪不生，细过不失，则国治，国治必强。一国行之，境内独治。二国行之，兵则少寝。天下行之，至德复立。此吾以杀刑之反于德而义合于暴也。"又云："去奸之本，莫深于严刑。故王者以赏禁，以刑劝，求过不求善，藉刑以去刑。"《赏刑篇》曰："圣人之为国也，一赏一刑一教。一赏则兵无敌，一刑则令行，一教则下听上。夫明赏不费，明刑不戮，明教不变，而民知于民务，国无异俗。明赏之犹，至于无赏也。明刑之犹，至于无刑也。明教之犹，至于无教也。”综观商君用刑之意，大率类此。

算地计民

商君能致秦富强者，虽赏信罚必之效，其行政之精明，实非后世所企及。观其算地、计民二端，已可概见。《来民篇》曰：“地方百里者，山陵处什一，薮泽处什一，溪谷处什一，都邑蹊道处什一，恶田处什二，良田处什四。此食作夫五万，其山陵、溪谷、薮泽可以给其材，都邑蹊道足以处其民，先王制土分民之律也。”《算地篇》曰：“凡世主之患，用兵者不量力，治草莱者不度地。故有地狭而民众者，民胜其地；地广而民少者，地胜其民。民胜其地，务开；地胜其民，务来。开则行倍，民过地则国功寡而兵力少，地过民则山泽财物不为用。夫弃天物、遂民淫者，世主之务过也，而上下事之，故民众而兵弱，地大而力小。故为国任地者，山林居什一，薮泽居什一，溪谷流水居什一，都邑蹊道居什一，恶田居什二，良田居什四。此先王之正律也。故为国分田数小，亩五百足待一役，此地不任也。方土百里，出战卒万人者，数小也。此其垦田足以食其民，都邑遂路足以处其民，山林薮泽溪谷足以供其利，薮泽堤防足以畜，故兵出粮给而财有余，兵休民足而畜长足。此所谓任地待役之律也。”《境内篇》曰：“四境之内，丈夫女子皆有名于上。生者著，死者削。”《去强篇》曰：“强国知十三数，竟内仓口之数，壮男壮女之数，老弱之数，以言说取食者之数，利民之数，马牛刍藁之数。”据此数端，可知吾国旧日行政之精密，后之人应如何感发兴起耶。

来　民

《来民篇》曰："今秦之地，方千里者五，而谷土不能处什二，田数不满百万，其薮泽溪谷名山大川之材物货宝又不尽为用，此人不称土也。秦之所与邻者三晋也，欲用兵者韩、魏也。彼土狭而民众，其宅参居而并处，其寡萌贾息，民上无通名，下无田宅，而恃奸务末作以处，人之复阴阳泽水者过半。此其土之不足以生其民也。"又曰："今三晋不胜秦四世矣。自魏襄王以来，野战不胜，守城必拔，小大之战，三晋之所以亡于秦者，不可胜数也。若此而不服，秦能取其地而不能夺其民也。今王发明惠，诸侯之士来归义者，今使复之三世，无知军事，秦四境之内陵阪丘隰不起十年征者，于律也足以造作夫百万。曩者臣言曰：意民之情，其所欲者田宅也。晋之无有也信，秦之有余也必。若此而民不西者，秦士戚而民苦也。今利其田宅而复之三世，此必与其所欲而不使行其所恶也。然即山东之民无不西者也。且直言之谓也，不然，夫实圹什虚，出天宝，而百万事本，其所益多也，岂徒不失其所攻乎。夫秦之所患者，兴兵而伐则国家贫，安居而农则敌息。此王所不能两成也，故三世战胜而天下不服。今以故秦事敌，而使新民作本，兵虽百宿于外，境内不失须臾之时，此富强两成之效也。"秦之并灭六国，商君来民之效居多，其深谋远识，有足称焉。

攻　敌

商君者，实一政治家而兼军事家也，观其《战法》《兵本》诸篇，可以知之。其论用兵之道，约有数端：一曰政胜。《战法篇》曰："凡战法必本于政胜，则其民不争，不争则无以私意，以上为意。故王者之政，使民怯于邑斗而勇于寇战。"二曰庙算。《战法篇》曰："兵起而程敌，政不若者勿与战，食不若者勿与久，敌众勿为客。敌尽不如，击之勿疑。故曰兵大律在谨，论敌察众，则胜负可先知也。王者之政，胜而不骄，败而不怨。胜而不骄者，术明也；败而不怨者，知所失也。若兵敌强弱，将贤则胜，将不如则败。若其政出庙算者，将贤亦胜，将不如亦胜。"三曰军制。《兵守篇》曰："三军，壮男为一军，壮女为一军，男女之老弱者为一军，此之谓三军也。壮男之军，使盛食励兵，陈而待敌；壮女之军，使盛食负垒，陈而待令。客至而作土以为险阻及耕格阱，发梁撤屋给从，从之不洽而熯之，使客无得以助攻备。老弱之军，使牧牛马羊彘，草木之可食者，收而食之，以获其壮男女之食。"四曰战法。《兵守篇》曰："四战之国贵守战，负海之国贵攻战。四战之国好举兴兵以距四邻者国危。四邻之国一兴事而已四兴军，故曰国危。四战之国不能以万室之邑舍巨万之军者，其国危。故曰四战之国务在守战。守有城之邑，不知以死人之力与客生力战，其城拔者，死人之力也，客不尽夷城，客无从入，此谓以死人之力与客生力战。城尽夷，客若有从人，则客必罢，中人必佚矣。以佚力与罢力战，此谓以生人之力与客死力战。"五曰兵戒。《战法篇》曰："其过失，无敌深入，偕险绝塞，民倦且饥渴，而复遇疾，此其道也。"凡此数端，于商君用兵之道，亦可以略窥矣。

韩非子

申子言术，慎子言势，商君言法。《史记》谓商君“学刑名之术”，申子“学黄老而主刑名”，是法生于刑名而术本于黄老之证。庄子称“慎到弃知去己，而缘于不得已”，是慎到亦道家之流裔。斯数子者，前乎韩非之法家也。韩非师事荀卿，兼修老子之术，集法家之大成，而又兼采诸家之长者矣。《汉志》列韩非于法家，校以商君之书，则韩之所长，偏在于术，道家南面之术，得韩而益明。韩非法治思想，大体承继商君而修正之，然发明法意，大畅厥辞，商君之法得之而益显。孙卿明王道，述礼乐，而韩非诋仁义，毁先王，考其辞诚多悖谬，责其实则韩非之言有为而言之也。以危弱之韩而当虎狼之秦，常有不可终日之慨，故明法术以先之，而期致近功，世而后仁，诚不及俟，欲一天下于战耕，故不得不废仁义而贱文学。韩子之言，亦一时之权也。孙卿之言曰：“凝聚之为难。”韩非之术，非凝聚之道也。道无常胜，取守不同术，使秦一天下之后，而非为之谋，乌知其不异于彼所云耶？信赏必罚，万世长保之具也，百家不能废，法家之异于余子者，盖在彼不在此。然其言有补于治术者多，非徒可观，实有可取者焉。

法

《定法篇》曰：“法者，宪令著于官府，刑罚必于人心，赏存乎慎法，而罚加乎奸令者也。”此韩子自释法义也。法之起远矣，其有明文可稽者，在于唐虞。《吕刑》虽不具科条，而《孝经》言：“五刑之属三千。”《吕氏春秋》言：“周威公去苛令三十九物。”故《汉志》云：“法家者流，盖出理官，信赏必罚，以辅礼制。《易》曰：‘先王以明罚饬法。’此其所长也。”是法者古人有之，末世废弛，而法家特明之耳。法之不行，由于阿亲遗远，以喜怒为法令，而不得其平，故法家救之以一断于法。《有度篇》曰：“夫人臣之侵其主也，如地形焉，即渐以往，使人主失端，东西易面而不自知。故先王立司南以端朝夕，故明主使其群臣不游意于法之外，不为惠于法之内，动无非法。法所以凌过，游外私也。严刑所以遂令惩下也。威不贷错，制不共门，威制共则众邪彰矣。法不信则君行危矣，刑不断则不胜矣。”人主所以为天下贵者，为其能制人而无所制于人；所以为天下服者，为其公而不党，无所阿私。法之所贵，在乎无私。释法而任心，难乎其不颇也。人主释法，则群奸乘之，终则制于人也。《用人篇》曰：“释法术而任心治，尧不能正一国。去规矩而妄意度，奚仲不能成一轮；废尺寸而差短长，王尔不能半中。使中主守法术，拙匠守规矩尺寸，则万不失矣。君人者能去贤巧之所不能，守中拙之所万不失，则人力尽而功名立。”此言法之利也。国未尝无法也，而在其能奉法否耳。“奉法者强则国强，奉法者弱则国弱。”《有度》。奉法者，即弃智去心之谓。《大体篇》曰：“古之全大体者，望天地，观江海，因山谷，日月所照，四时所行，云布风动。不以智累心，不以私累己。寄治乱于法术，托是非于赏罚，属轻重于权衡。不逆天理，不伤情性；不吹毛而求小疵，不洗垢而察难知；不引绳之外，不推绳之内；不急法之外，不缓法之内；守成理，因自然。”是韩非之学，非惟言术取于道家，即为法之意，亦本黄老，非前之法家所能及也。韩非言法贵在能行，而不在文网之密，使民避刑就赏，以成以刑止刑之效。《用人篇》曰：“明主立可为之赏，设可避之罚，故贤者劝赏而不见子胥之祸，不肖者少罪而不见伛剖背，盲者处平而不遇深溪，愚者守静而不陷险危。如此则上下之恩结矣。古之人曰：‘其心难知，喜怒难中也。’故以表示目，以鼓语耳，以法教心。君人者释三易之数，而行一难知之心。如此则怒积于上，而怨积于下，以积怒而御积怨，则两危矣。”是韩子明法，本以救任心之失，所以结上下之恩，而使上下交得也。虽常有父子夫妇皆不可信之心，其卒未尝欲使父子夫妇之相仇也。《守道篇》曰：“圣人之立法也，其赏足以劝善，其威足以胜暴，其备足以必完法。治世之臣，功多者位尊，力极者赏厚，情尽者名立。善之生如春，恶之生如秋。故民劝极力而乐尽情，此之谓上下相得。上下相得，故能用力者，自极于权衡，而务至于任鄙，战士出死而愿为贲育，守道者皆怀金石之心，以死子胥之节。用力者为任鄙，战如贲育，守为金石，则君人者高枕而守已完矣。”是以韩非用法，归于虚无，虚无而后得其平也。《解老篇》曰：“凡德者，以无为集，以无欲成，以不思安，以不用固。为之欲之，则德无舍。”所贵乎虚无者，为其不任心耳。《用人篇》曰：“至治之国，有赏罚而无喜怒。”故法家之所长，在于无偏颇，而韩非又能济之以虚无，以神其用，其他虽有蔽短，此之为是，则百世可师也。法家所以为人诟病者，曰严刑峻罚，刻薄寡恩。韩子言法，务在使民避罚就赏，犯法不宥，即儒家之以仁为教，亦未尝舍此而用苟且之政，韩子亦以厚诛薄罪为非，《用人》。虽严何害？厚诛薄罪，商君之法也，韩非虽称之，取其能以刑止刑之意，而不必同其厚诛薄罪也。《孟子》书“桃应问舜为天子，皋陶为士，瞽叟杀人”一章，此法家诘儒者之言也。孟子亦曰：“执之而已。”其归则“窃父而逃”。使皋陶穷究之，舜亦无可如何，故虽儒家亦未尝不专断于法，而独谓法家为酷，岂知言哉？桓范之言曰："夫商鞅、申、韩之徒，其能也，贵尚谲诈，务行苛克，废礼义之教，任刑名之数，不师古始，败俗伤化，此伊尹、周、召之罪人也。然其尊君卑臣，富国强兵，守法持术，有可取焉。"其言近之也。韩非学老子之术，与商君之专以逆民为务者，又稍有别。道家守自然，贵因仍，以百姓之心为心者也。《功名篇》曰："明君之所以立功成名者四，一曰天时，二曰人心，三曰技能，四曰势位。非天时，虽十尧不能冬生一穗；逆人心，虽贲育不能尽人力。故得天时则不务而自生，得人心则不趣而自劝，因技能则不急而自疾，得势位则不推进而名成。若水之流，若船之浮。守自然之道，行毋穷之令，故曰明主。"岂非韩非守自然、顺人心之明证乎？而韩非尝云民智之不可师用而贵变法，何也？盖民智浅薄，安于故常，而所谓民意者，又往往为奸人所利用，故当其敝也，即天道之穷而当复者也，故变化实所以顺天道。所谓民意，即趋利远害而已，岂蠢愚之民意哉？故为之兴利除患，即顺民意。《南面篇》曰："不知治者，必曰无变古，无易常。变与不变，圣人不听，正治而已。然则古之无变，常之无易，在常古之可与不可。伊尹毋变殷，太公毋变周，则汤武不王矣。管仲毋更齐，郭偃毋更晋，则桓文不霸矣。"是韩子之意，变与不变，在可与不可，正治而已。是道家无为而无不为之意。伊、吕、管仲皆道家先师，知道家所恶在乎不知妄作，故曰无为，而又曰无不为，韩非其知之也。《解老篇》曰："工人数变业，则失其功；作者数摇徙，则亡其功。一人之作，日亡半日，十日则亡五人之功矣。万人之作，日亡半日，十日则亡五万人之功矣。然则数变业者，其人弥众，其亏弥大矣。"是韩非之所谓当变者，皆顺自然，因人情，不可不变者矣。商君言法之当变，与韩子无殊，而学理之阐发，则相去远矣。

术

诸侯僭天子，大夫僭诸侯，窃其国而盗其民，春秋以来数见不鲜之事，其故皆由无法以治臣，无术以知奸，其所谓忠者不忠，而所谓贤者不贤也，无国而无法，然法未必信，法之不信，由上坏之也。法苟信也，而无术以知奸，则奸臣将窃其法而济其私，圣知之法为盗贼之械，为虎傅翼，安得不择人而食乎？韩子者教大盗者也，大盗出则小偷止，非所以保民乎哉？故韩子之言术，所以御臣，而非所以畜民，虽少恩无伤矣。有国者，利器也，不可以示人，匹夫无罪，怀璧其罪，人非尧舜，岂能视天下如敝屣？充其极也，天下无可亲之人，父子夫妇之恩，皆为利诱。《备内篇》曰："为人主而大信其子，则奸臣则乘其子以成其私，故李兑傅赵王而饿主父；为人主而大信其妻，则奸臣得乘其妻以成其私，故优施傅丽姬杀太子而立奚齐。夫以妻之近与子之亲，犹不可信，则其余无可信者矣。"父子夫妻之恩，不可诬也，贼乱之事，生于内者，史不绝书，亦奸之一门，塞其门，则乱止。君位者，势之所寄，与常人殊，可制人而不可制于人。恩与术，是之谓两行。韩子谓奸有八而劫有三，欲禁八奸，绝三劫，舍术莫为功。《和氏篇》曰："主用术则大臣不得擅断，近习不敢卖重。"《八说篇》曰："有道之主，不求清洁之吏，而务必知之术也。"《显学篇》曰："不求人之为吾善也，而用其不得为非也。"《外储说左下》曰："明主者不恃其不我叛，恃吾不可叛也；不恃其不我欺也，恃吾不可欺也。"天下固有不叛之臣，不欺之士，恃其不叛不欺，而叛欺起于其间，恃吾之不可欺叛，则欺叛者止，而况不欺不叛者哉？《六反篇》曰："夫奸，必知则备，必诛则止；不知则肆，不诛则行。夫陈货于幽隐，虽曾、史可疑也；悬百金于市，虽大盗不取也。不知，则曾、史可疑于幽隐；必知，则大盗不取悬金于市。故明主之治国也，众其守而重其罪，使民以法禁，而不以廉止。”韩非主法禁而不重教化，故云然尔。《定法篇》曰：“术者因任而授官，循名而责实，操生杀之柄，课群臣之能者也。此人主之所执也。”是则所谓术者，即持法之具耳。故曰“人主之所执”。其道出于道家“秉要执本，清虚自守”之术。《主道篇》曰：“道者，万物之始，是非之纪也。是以明君守始以知万物之源，治纪以知善败之端。故虚静以待令，令名自命也，令事自定也。虚则知实之情，静则知动者正，有言者自为名，有事者自为形，形名参同，君乃无事焉，归之其情。故曰君无见其所欲，君见其所欲，臣自将雕琢；君无见其意，君见其意，臣将自表异。故曰去好去恶，臣乃见素；去旧去智，臣乃自备。”《扬权篇》曰：“事在四方，要在中央。圣人执要，四方来效。虚以待之，彼自以之。”《解老篇》曰：“所以贵无为无思为虚者，谓其意无所制也。”夫虚也则不见，不见则不可尝试，秉要则有度，有度以临之，则方圆长短毕见，而无所逃矣。《八说篇》曰：“尽思虑，揣得失，智者之所难也；无思无虑，挈前言而责后功，愚者之所易也。明主操愚者之所易，以责智者之所难，故智虑力劳不用而国治也。”韩非之言术，大略如是，盖深有得于老子者矣。孔孟不详君人之术，而明教化，正人伦，荀卿虽有取于道家，说见前。然周闭之义，与儒家以身率物者不相容，故非主道利周之说，韩非则两得之也。《难三》曰：“法者，编著之于图籍，设之于官府，而布之于百姓者也。术者，藏之于胸，以偶众端，而潜御群臣者也。故法莫如显，而术不欲见。是以明主言法则境内百姓莫不闻知也，不独满于堂。言术则亲爱近习莫之得闻也，不得满室。”此殆有鉴于其师之说而发者与？法显则下知所从，术隐则莫敢欺匿，韩非于治术独深，老子之术，待之而益明也。韩非与儒家论政之异，重君与重臣而已。儒家以贤人格君心之非，韩非则以君率臣于法。韩非恶大臣太重，左右太贵，群臣比周，而制其主，故术尚焉。韩非谓“愚者之所易”者，不用知巧之谓耳，果愚者之所易哉？君不能制事，故必假之以事，而势亦随之。势之所在，即众之所归，虽欲不比周，得乎？君以其言授之事，因以其事责其功，功之能当其事与否，君人深居九重，曷能知之？权臣指鹿为马，则小臣以为牝马，人主独奈之何？恃吾之不可欺叛，则重在我，不在人，明君则治，暗君则乱，明君不世出，则乱世相踵矣。儒家重在臣，君能用贤则国治，然而所任未必贤也，惟儒家重教化，其本固也，虽当庸暗之主，独可稍安。韩非专恃法术以遇民，如畜虎狼于国中，饲养乏术，必将食人，无或幸免，故曰教化与法术，皆治之具也，可偏废哉。儒家不重法术，法家则废教化。儒家以修身为治平根本，故详于君人之修养，法家不知务此，而惟言法术，是不知本也。韩非动曰“无为无欲”“去好去恶”，此至善之境也，岂可以一朝企哉？人主不能正身，而欲行术，则徒枉杀忠良而已。苟以仁义立其本，以法术神其用，其于治术庶几近之矣。韩非所以为治者法也，所以持法者术也，所以行法者势也。势之所寄，刑、德二柄也。《难势篇》曰：“夫尧舜生而在上位，虽有十桀纣不能乱者，则势治也；桀纣亦生而在上位，虽有十尧舜而亦不能治者，则势乱也。故曰势治者不可乱，势乱者不可治。”《二柄篇》曰：“明主之所导治其臣者，二柄而已矣。二柄者，刑德也。何谓刑德？曰：杀戮之谓刑，庆赏之谓德。为人臣者畏诛罚而利庆赏，故人主自用其刑德，则群臣畏其威而归其利矣。”《外储说右》曰：“主卖官爵，臣卖知力。”故韩非之视人如物，随其宰割。势位刑赏，百家弗能易也，然而专恃势位刑赏以为治，可以为治乎哉？赏有所不能劝，罚有所不止，赏有所不及，而法有所遗，则穷于术也。凡此皆由本之不固，而希取近功，故秦法虽存，而秦之乱亡固非刑赏之所能息也。周末诸子各思以其学易天下，鼓舞者甚，而伪托者多，故韩非痛绝之。《忠孝篇》曰：“今夫尚贤任智无常，逆道也。”此绝其人也。又曰：“故人臣毋称尧舜之贤，毋誉汤武之伐，毋言烈士之高，尽力守法，专心于事主者，为忠臣。”此绝其术也。韩非言治，颇有得于老子“居其实，不居其华”之意，故曰“正治而已”，曰“寄治乱于法术”，盖当群言淆乱之际，阴用其言，则有补于治；显用其言，则人臣得恃以要主，而伪托者至也。其精神颇有可取，惟其敝短，琴瑟专一，绌百家而一之于法，害又甚矣。使不以名号相召，而惟实事求是，耳目口鼻，兼用而不使兼摄，主操其券，臣献其功，不犹愈于此耶？故韩非之术多一时兼并之权，而未皇久远之策也。

耕　战

耕战，有国者之所贵，然而非一于耕战而息众技也。自商君以之强秦，遂为法家唯一之政策，韩非之言，因于商君者也。《五蠹篇》曰：“然则为匹夫计者，莫如修行义而习文学。行义修则见信，见信则受事；文学习则为明师，为明师则显荣。此匹夫之美也。然则无功而受事，无爵而显荣，为有政如此，则国必乱，主必危矣。故不相容之事，不两立也。斩敌者受赏，而高慈惠之行；拔城者受爵禄，而信廉爱之说；坚甲利兵以备难，而美荐绅之饰；富国以农，距敌以卒，而贵文学之士；废敬上畏法之民，而养游侠私剑之属。举行如此，治强不可得也。”《显学篇》曰：“今商官技艺之士，亦不垦而食，是地不垦与磐石一贯也。儒侠无军劳而显荣者，则民不使，与象人同事也。”其意期于一民于耕战而已，故外此皆为无用。《五蠹篇》曰："故举先王言仁义者盈廷，而政不免于乱；行身者竞于高，而不合于功，故智士退处岩穴，归禄而不受，而兵不免于弱，政不免于乱，此其故何也？民之所誉，上之所礼，乱国之术也。今境内之民皆言治，藏管、商之法者家有之，而国愈贫，言耕者愈众，执耒者寡也；境内皆言兵，藏孙、吴之书者家有之，而兵愈弱，言战者多，被甲者少也。"此盖不明于其师"农工于农，而不可以为农师"之理耳。文学之士，可少而不可绝也。仁义修行，国之宝也，复何害于耕战。以仁义修行之士耕，则勤力而奉上；以仁义修行之士战，则杀身以卫国。彼夫以仁义修行之名而坐收显荣者，岂仁义修行之士哉？辨而去之可也，以伪而绝真不可也。《定法篇》曰："商君之法曰：'斩一首者爵一级，欲为官者为五十石之官；斩二首者爵二级，欲为官者为百石之官。'官爵之迁，与斩首之功相称也。今有法曰：'斩首者令为医匠。'则屋不成而病不已。夫匠手巧也，而医者齐药也，而以斩首之功为之，则不当其能。今治官者智能也，今斩首者勇力之所加也。以勇力之所加，而治智能之官，是以斩首之功为医匠也。"是一于耕战之弊，韩非未尝不知，特以危弱之韩，而欲致近功，乃出于斯道。故以为韩非之言，多有可取，方之于药，则救急之良药，而非可常服之药也。后儒尊之绌之，多嫌失实，鲜足称焉。

附　录

论《老子》非晚出书

并质钱宾四先生

本篇为疑《老子》者而作，凡近人所疑者，皆所不取，故前二章建立《老子》书非晚出，皆自学术思想立论，读者幸勿误会。

近世疑《老子》者虽众，而新义绝少，依予所见，有深湛之思者，惟钱君宾四近之。钱氏集旧作四篇为《老子辨》，前二篇辨其人，后二篇辨其书。古人远矣，周、秦故书多得之传闻，各尊所闻，不免歧异。墨子有言："同归之物，信有误者，然而民听不均，是以书多也。"三豕渡河，问而后知，夏五传疑，莫敢专断。太史公作《史记》，曰"整齐故事"，非所谓作，慎之至矣。近人疑老子者，综其所论，多由不知《史记》以"不知其所终"而致其疑辞，斯浅薄不足道也。钱氏前二篇之持论，固非时流所及，然以各家所传乖异，遂断老子无其人，殊失之轻率。充其所论，则《公》《穀》记孔子生，一以为十月，一以为十一月；司马迁、赵邠卿记孟子师承，一以为受业子思之门，一以为受业子思之门人，将孔、孟亦无其人乎？故予以其前二篇不如后二篇远甚。盖从学术思想立论，虽不必是，亦可以得其大略，惟鄙见与钱氏适反。彼证其为晚出，予则证其非晚出。其究为晚出与否，苟能平心研讨，一再商量，或不致全无结果也。兹分为三章以证明之。

一　从诸子学说及时代证明《老子》非晚出书

钱氏谓："老子与孔子同时，则思想不顺，必移置于荀卿、韩非间。"予谓其言非也。有无物始，儒家所不言，以庄周、荀卿为证，最为明白。荀卿未尝不闻庄周之说，然庄周所乐道者，荀卿乃不言，亦不纠驳，不能据此以擅移古书时代。太史公谓申不害"本黄、老而主刑名"，《黄帝书》宜更晚出。使无《老子》书，则申子何本？法家贱文学，于儒、墨皆所屏弃，而《韩非》书有《解老》《喻老》，其他引老子之言者亦多，则法家取于老子，而非老子取于法家甚明。使果移置于荀卿、韩非间，则《荀子·天论篇》云"老子有见于绌，无见于申"，此语果何自而来？至《庄子》书引《老子》语，多在外、杂二篇，钱氏以为又在老子后，其时代当移于秦、汉之间，何据而然耶？且内篇《养生主》明著老聃死之文，《应帝王》又明载老聃与阳子居问答，外、杂等篇之引《老子》，何以见其非庄子手笔耶？钱氏以外、杂等篇引《老子》者为后人所作，而内篇亦有其事，则并内篇亦疑之。夫如是，虽谓《庄子》书亦皆伪作可也，又何取庄、老先后之辨耶？

《论语》："或曰：'以德报怨。'"此殆闻老子之说而以问于孔子者。老子曰："为无为，事无事，味无味。大小多少，报怨以德。"此言列国邦交之道，或者不知，以为常人交接之理，故见非于孔子。老子曰"和大怨必有余怨"，故知报怨以德，专指邦交而言。以德报怨之说，本于老子，移置于后，或人之问，将何据依？

孟子曰："天下之言性也，则故而已矣。故者以利为本。所恶于智者，为其凿也。如智者若禹之行水也，则无恶于智矣。……如智者亦行其所无事，则智亦大矣。”庄子亦言：“去智与故，循天之理。”明“智”“故”二字，为学术常语。孟、庄虽同时，然二子书中，若不相知者，疑其游齐、梁之日，有先后之差。而孟子著书，乃在游齐、梁之后，古人著书多在晚年，庄子谅亦如此，则非毁圣智之说，孟子不必闻之。前于孟子，惟老子耳，庄子之言，所以攻击儒、墨，孟子则攻墨而自释。《经上》曰“故，所得而后成也”，又曰“义，利也”，《墨子·大取》盛言“权轻重”之义。墨家计度而归于利，故曰：“义，利也。”故者，墨家一切事为所待而成，儒家则一切发乎本心，无有计度，即此为仁，即此为义，故孟子以此非墨。老子言：“绝圣弃智。……以智治国，国之贼；不以智治国，国之福。”其所谓智，非古代所言圣智之义，故孟子释之曰：“所恶于智者，为其凿也。”孔子述而不作，承古之学统，而有所修正解释，此意庄子尚能明之，故《天下篇》论诸子曰：“道术将为天下裂……闻其风而悦之。”于儒家则曰：“其在《诗》《书》《礼》《乐》者，邹鲁之士、搢绅先生多能明之。”不得谓老子之时，儒家未起，而遂无非毁圣智之言也。

《老子》书曰：“大国者下流，天下之牝，天下之交。牝常以静胜牡……故大国以下小国，则取小国；小国以下大国，则取大国。或下以取，或下而取。大国不过欲兼畜人，小国不过欲入事人。”盖大国兼畜大国，小国以入事大国而得护，此春秋列国相维之道，战国则视灭国为常事。大国无兼畜之恩，小国无入事之利，其道变矣。故孟子言：“乐天者保天下，畏天者保其国。”不言入事人兼畜人之事，以不可行于战国也。使《老子》书成于战国，其言诸侯邦交，必不如此。

《老子》书曰：“故天大、地大、道大、王亦大。域中有四大，而王处其一焉。”使《老子》作于战国末年，则七国相王已久，秦已不欲王而称帝，安得云“王亦大”耶？

二　从《庄子》证明《老子》非晚出书

凡事作始也简，其将毕也必巨。如《老子》书取《庄子》而作，则其书必益加闳肆，安有尚不如庄子之透澈者？若谓古人无私家著述，据现存而言，孔子以述作对言，必其前已有作者，顾不得见耳。即如管、晏之书，多有后人增补，然安得谓竟无底本乎？夫老子之学，出于历史，《汉志》云：“道家者流，盖出于史官，历记成败、存亡、祸福、古今之道，然后知秉要执本，清虚以自守，卑弱以自持。”《老子》书曰：“执古之道，以御今之有，能知古始，是谓道纪。”此老子作书本旨也。老子观历史禅变，而得相对无常之理，推求万有之芸芸，而明有无阴阳之理。《老子》书曰：“有无相生，难易相成，长短相形，高下相倾，音声相和，前后相随。”此言相待也。曰：“飘风不终朝，骤雨不终日。孰为此者？天地。天地尚不能久，而况于人乎！”此言无常也。曰：“无名天地之始，有名万物之母。”此言万物生于有，有生于无也。曰：“万物负阴而抱阳。”此言物体受阴阳之气而成也。相待者即无常，无常何以长保？故用之于人事，则主收敛，收敛者对淫外而言也。施于政事，则“无为而无不为”。施于一身，则“见素抱朴，少私寡欲”。此老子由历史而得也。万物之生，当有其始，曰“天地生万物”，天地之前，有物乎，无物乎？不可知也。以其不可知，故命之曰“道”。《老子》书曰：“有物混成，先天地生，寂兮寥兮，独立而不改，周行而不殆，可以为天下母，吾不知其名，字之曰道，强为之名曰大。”万物之起，必有名也。始制有名。字之曰道，道亦名也。故曰：“道可道，非常道。名可名，非常名。无名天地之始，有名万物之母。故常无，欲以观其妙；常有，欲以观其徼。此两者，同出而异名，同谓之玄。玄之又玄，众妙之门。”“无名天地之始”者，天地之先，不可名也。“有名万物之母”者，有天地即有万物也。“两者同出”者，有无之交也，故曰“同谓之玄”，不可知也。天地一阴阳也，天地生万物，“故万物负阴而抱阳”。万物负阴而抱阳，故取法于天地。道在天地之先，天地又取法于道，故曰“天法道”。道不可知，故曰“道法自然”。道与自然，假名也，天地不息，莫之为也，故曰“自然”。由一身以至天下，欲长生，欲永治，则必顺其自然，不顺自然，则为不道，不道早已。

老子之道，归于治国治天下，无以天下为不屑为之意。庄子则异乎是，曰：“之人也，之德也，将磅礴万物以为一，世蕲乎乱，孰弊弊焉以天下为事。”又曰：“道之真以治身，其绪余以为国家，其土苴以治天下。由此观之，帝王之功，圣人之余事也，非所以完身养生也。”又曰：“故君子不得已而临莅天下，莫若无为。无为也，而后安其性命之情。”是老子之所乐道者，庄子已视为土苴；老子之言不离于用，而庄子则曰“以无用为大用”。此老、庄之不同也。庄、孟同时，知当世已无所用，故有遁世无闷之志。孟子曰：“广土众民，君子欲之，所乐不存焉。中天下而立，定四海之民，君子乐之，所性不存焉。君子所性，虽大行不加焉，虽穷居不损焉。”庄子之于老子，犹孟子之于孔子。老、孔不离用，庄、孟则不屑用，时为之也，于此可明《老子》书必非晚出。

老子明相待之义，庄子则言无待，而以相待之义破儒、墨。庄子曰：“夫列子御风而行，泠然善也，旬有五日而后反；……彼虽免乎行，犹有所待者也。……若夫乘天地之正而御六气之变，以游于无穷者，彼且恶乎待哉?”庄子之言，虽不同于老子，而从《老子》出，则显然可见，以老子而外，无相待之义也。

老子明无常之义，故不居不盈、去泰去甚。庄子则曰："举莛与楹，厉与西施，恢恑憰怪，道通为一。其分也，成也；其成也，毁也。凡物无成与毁，复通为一。"又曰："以死生为一条，以可不可为一贯。"此庄子由老子无常之义，进而求其无所得也。

老子见人身体不健，不可与治事，故曰"善摄生"、曰"长生久视"。庄子则曰："入于不死不生。……大浸稽天而不溺，大旱金石流、土山焦而不热。"且老子未尝偏贵心也，庄子则偏贵心，视死生如一，此庄子以老子摄生之无益，而委物任化也。

老子推求物之本始，而归于无始。庄子则曰："有始也者，有未始有始也者，有未有夫未始有始也者。有有也者，有无也者，有未始有无也者，有未始有夫未始有无也者。俄而有无矣，而未知有无之果孰有孰无也。"又曰："六合之外，圣人存而不论。"儒家于此则置而不论，庄子更进而破之。

凡此数端。皆庄子因于老子而变之者，然其归于自然，与老子无异。《天下篇》所论，证以其书而益信。使老子出于庄子之后，何取乎《老子》之书？

三　《老子辨》释疑

钱氏以《论语》言道，仅指人事，与老子之道，绝不相类；《墨子》言义不言道，孔、墨均质实，而老独玄妙，以思想之进程言，老子断当在孔、墨之后。予按：孔、墨虽同近质实，而孔子已有华妙之言，如云："吾有知乎哉？无知也。"推而上之，《易》言："见群龙无首，吉。"言："艮其背，不获其身，行其庭，不见其人。"则文王已有华妙之言矣。而墨子在文王、孔子后，言反朴钝，此乃才性有异，不得以思想进程之理，强为裁制。老子在文王后、孔子前，言之玄妙，更何怪乎？老子言道，异于儒家者，乃在道在天地之先，孔子固所不言。若以时代进程律之，荀卿在庄子后，于此亦无所言，岂复移庄子于荀卿后耶？

钱氏以老子言天，亦本自然为说，与庄同，与孔、墨、孟异。今使老子言自然之天在前，孔、墨、孟重言神道之天在中，而庄子反言自然之天在后，则思想上之线索有难言也。予按：老子言“治人事天莫若啬”，此所谓天，非有意志之天乎？孔子曰：“天何言哉？四时行焉，百物生焉。天何言哉？”所谓天者，乃反近于自然之义。孟子曰：“莫之为而为者，天也。”即莫之为而常自然之义。惟墨子纯为有意志之天，盖其人有宗教性质使然。自此以外，老、孔、孟皆以有意志之天与自然之天糅杂言之，不得云孔、孟不言自然也。且老子之言天也，谓“人法地，地法天”；庄子之言天也，以人合天。“合”与“法”，深浅相悬，何得反谓老子出于庄子？

钱氏以《老子》书“天地”连语，或“天地”对言，为本于《庄子》，而后于孔、墨之证。予按：《诗·正月》已云：“谓天盖高，不敢不局；谓地盖厚，不敢不蹐。”何得谓庄子以前无有？古人属辞，本无一定，使必有所本而后言，庄子又将何本耶？

钱氏以《老子》言物，《论语》不言物，讨论心物与物之来源，为墨、庄以后之事。予按：物之观念，初民已有，不过不追求其所以然而已。儒家言人道，于天道地道，皆所不谈，以其无术知之也。老子之推求物源，自人心所固有，何必在墨、庄后耶？

钱氏以“大”之一辞，孔子以之称尧、舜，老子则名道为大，以证《老子》晚出。予按：孔子非徒以大美尧、舜，亦言“大哉乾乎”；老子以大名道，与孔子同，皆由暗合，更不必谓本于庄子。

钱氏以《老子》以“一”表道，本于《庄子》。予按：一为数之始，老子以道在天地之先，故以表之，不足致疑。

钱氏以《老子》“万物负阴而抱阳，冲气以为和”，本于《庄子》“与造物者为人，而游乎天地之一气”。予按：老子言“负阴抱阳”“冲气为和”，如谓有定命者；庄子则云“虫臂鼠肝”“万化未始有极”。老子之所兢兢自守者，庄子乃反以其变化为乐。庄子虽本于老子，而又超出于老子也。

钱氏以《庄子·内篇》于自然尚未决定，以老子言自然在庄子后。予按：《庄子·内篇·齐物论》，以“因是”为主。“因是”者，即因物之自然，何谓未决定？且钱氏所举诸例，惟“固然”一辞可易“自然”，余悉非“自然”之义。

钱氏以“象”字始见于《庄子》，《老子》好用“象”字，为取《庄子》之证。予按：《虞书》言“象以典刑”，“予欲观古人之象”，已有“象”字，不必《庄子》始用之，即前人无用之者，亦不足为证。

钱氏以《老子》道、名并举，出于名学盛行以后。予按：名者，字也。名以表实，有声音文字，即有名。名以表实，实无常，名亦无常。老子言“名可名，非常名”，与名家无关。

钱氏以尚贤为墨家思想，老子云“不尚贤”，乃生于墨家思想盛行之后。予按：“亲亲尊贤”，乃古代政治原理。虞舜起于畎亩，傅说起于版筑，诸侯贡士于天子，是亲亲之中，未尝不尊贤也。《吕氏春秋》言太公治齐，尊贤尚功，知尊贤之道，其来久矣。《吕氏春秋》出秦初，疑古者或可以其言为墨家所托。孟子言葵丘之会，亦云“尊贤育才”矣，且《墨子·非儒》曰：“亲亲有术，尊贤有等。”儒家所言，多因于古，谓贵族政治无尚贤之事者，非也。

钱氏以《老子》言王侯，为七国相王以后之证。予按：王侯，犹言天子诸侯。老子言王侯，墨子则言王公，其实一也，岂《墨子》亦战国时书乎？

钱氏以古代贵族政治不及于民，言治天下以民为归，则置诸侯卿大夫贵族阶级于何地。予按：《虞书》言："天聪明，自我民聪明；天明畏，自我民明畏。"《孟子》亦引《书》："天视，自我民视；天听，自我民听。"时人于《尚书》有致疑者，《诗经》则人所共信也。曰"民言无嘉"，"俾民不迷"，"民之讹言"，盖政治未有不本于民，特政体各异，则程度有差耳。宁得谓贵族政治，悉不本于民乎？

钱氏以《老子》言人主万乘之主，乃春秋卿大夫之称，及三家分晋，田氏篡齐，主乃移及大国之君。予按：主君通称，国君之可以称主，亦犹有士大夫之可以称君。

钱氏以《老子》言"大道甚夷，而民好径""民不畏死"诸端，非春秋时所有。予按：载籍残阙，不必尽详。《左氏》《国语》鲜及平民，然如专诸、宜僚之类，《左氏》亦略见其端，不能谓春秋时无有。

钱氏以《老子》言"刍狗"本于《庄子》，如后人之用典。予按："刍狗"乃时人所共晓，且老子言"刍狗"无为妖意，与庄子亦有别。

钱氏以《老子》"益生曰祥，心使气曰强"，"益生"本于《庄子》"常因自然而不益生"；"心使气"本于《庄子》"无听之以心，而听之以气"。予按：老、庄之言，完全相反，何谓相袭？老子欲长生久视，故言益生；庄子则齐生死，而反益生者也。心使气，谓有主宰，不为气所动，庄子言听之以气求其虚，此则求其常有主也，必以祥为不祥，训强为僵，夫奚可哉？

予于钱氏原文，约其意旨，以其原书具在，可以比观。古人属辞，本无定规，而各家名例，以其所表不同，遂有歧异。孔、墨所言，不离人道，不得以孔、墨所不言，乃谓其书晚出。原文每多此类，不及一一释之。又宋钘“情欲寡”“见侮不辱”诸说，乃由墨家受人攻击，始倡此以济兼爱、非攻、节用之穷。钱氏之论，不其反与?

儒墨关系考

一　儒墨两家对于作述之态度

《吕氏春秋·当染篇》云："鲁惠公使宰让请郊庙之礼于天子，桓王使史角往，惠公止之；其后在于鲁，墨子学焉。"此篇为墨家言，当即墨者自述其师承所自，谅有所本。《汉志》墨家首出之书为尹佚，尹佚即史佚，史角则其同韵，涓流巨渎，洪细靡异，墨子之学，其主旨有取于此，可以知矣。而《庄子·列御寇篇》尝言："郑人缓也，呻吟裘氏之地，只三年而缓为儒，……使其弟墨；儒、墨相与辩，其父助翟，十年而缓自杀。"此固寓言，要其所宗儒、墨之关系，非无故也。《淮南·要略》直谓："墨子学儒者之业，受孔子之术，以为其礼烦扰而不悦，厚葬靡财而贫民，久"久"字据校补。服伤生而害事，故背周道而用夏政。"其言或亦有据。征之《墨子·公孟篇》："子墨子与程子辩，称于孔子。程子曰：'非儒，何故称于孔子也？'子墨子曰：'是亦当而不可易者也。'"墨家受孔子之影响，又自认不讳。然则墨学果奚出哉？

案：墨子累称尊天、事鬼、爱人，是此三者，为墨学宗旨。《汉志》谓："墨家者流，盖出于清庙之守。"史角之后，即其人焉。故以天为最尊，鬼为至神。反观《论语》所记孔子之言，其于天鬼之意义，正《墨子》书中之所痛斥者也。孔子曰："天何言哉，四时行焉，百物生焉，天何言哉!”“季路问事鬼神。子曰：‘未能事人，焉能事鬼!’‘敢问死。’子曰：‘未知生，焉知死!’”又曰：“敬鬼神而远之。”盖孔子之天为自然之天，事鬼则在乎尽己，无天之志与鬼神之灵，其言“知我者其天乎”“天之未丧斯文”“天厌之，天厌之”之类，则借时人之恒言而方便立说耳。天道鬼神，本原始社会所遗来，累见于《诗》《书》，孔子删《诗》《书》，所以存其本然。而孔子之思想则重实际人生，一洗巫祝之余习，其变迁之迹，吾尝为《周秦儒学史论》，已详述之。大抵在于植道德之根据于内心，而与昔之求之于天命者不同。墨子生孔子之后，亦善濡染其流风，顾乃反从初民之服者，征之于其所自言而可以知其心也。《天志上》曰：“天欲义而恶不义，然则率天下之百姓以从事于义，则我乃为天之所欲也，我为天之所欲，天亦为我之所欲。”谓义出于天志，人之行义乃以邀福，《明鬼篇》竟言“天下之乱由于不信鬼神”。墨子假借天志鬼神之苦心，最为显白，天志在墨子思想统系中，实为管枢一切之义。缘此建立，鬼神为天之附庸，非必不可少者，虽其思想渊源于史角，而所与为徒者实利赖之。

蒙文通师谓“墨为孤竹之夷，晏子为莱夷，同为东方之夷，俱道仁义节俭”，钱宾四先生则谓“墨为囚徒”，皆有理据。要之，墨子每自谓为贱人、丑类，谅皆微贱，其地位又在孔子之徒之下。《公孟篇》记：“有游于子墨子之门者，谓子墨子曰：‘先生以鬼神为明，知能为人祸哉，为善者富之，为恶者祸之，今吾事先生久矣，而福不至。意者先生之言有不善乎？鬼神不明乎？我何故不得福也?’子墨子曰：‘虽子不得福，吾言何遽不善，而鬼神何遽不明。’”又记：“子墨子有疾，跌鼻进而问曰：‘先生以鬼神为明，能为祸福；为善者赏之，为不善者罚之。今先生圣人也，何故有疾？意者先生之言有不善乎？鬼神不明知乎?’子墨子曰：‘虽使我有疾，何遽不明。’”由此可知墨子之徒，殆难语以道义，惟有威福于鬼神之灵，亦先王神道设教之意也。

夫道德仁义之远隔一切外在关系，独立自存者，孔子发其端，孟子竟其绪。孔子之门人如子路之贤，尚有祈祷事鬼之事，为义而不得福，则不免于愠见，又何怪于墨子之言乎？故墨学宗旨与史角为近，而与孔子相远。庄周、《淮南》俱谓与儒有关者，殆谓孔子所传播于齐民之史籍耶？以《墨子》所引之《诗》《书》考之于世之所传，其为同源殆无疑义。以古史皆先有传说，后著竹帛，不免小异，又况累世传钞传刻耶？《贵义篇》曰：“同归之物，信有误者，然而民听不均，是以书多也。”古史之性质则然，此尤今人所当知者。吾意孔子述而不作，墨子变周之文托于夏禹，文久而息，所言禹法特与禹之精神不悖而已。孔子曰“吾从周”，又曰“夏礼吾能言，杞不足征；殷礼吾能言，宋不足征”。荀卿谓“文久而息，节族久而绝”，非必无传，不如后王之粲然也。《耕柱篇》：“公孟子曰：‘君子不作，术而已。’毕云：“术”同“述”。子墨子曰：‘不然！人之不君子者，古之善者不诛，俞云：“诚”之误。今也善者不作；其次不君子者，古之善者不遂，毕云：当为“述”。已有善则作之，欲善之自己出也。今诛而不作，是无所异于不好遂而作者矣。吾以为古之善者则诛之，今之善者则作之，欲善之益多也。’”《非儒篇》称儒者之言曰：“君子循而不作。”应之曰：“古者羿作弓，伃作甲，奚仲作车，巧垂作舟，然则今之鲍、函、车、匠皆君子也，而羿、伃、奚仲、巧垂皆小人耶？且其所循，人必或作之，然则其所循皆小人之道也？”是儒家主“述而不作”，不惟见于《论语》，且见于非儒之《墨子》书中。《公孟篇》记墨子答公孟子之言，尤可以见孔子之真面目，曰：“今子曰‘孔子博于《诗》《书》，察于礼乐，详于万物，而曰可以为天子’，是数人之齿而以为富。”于此可知孔子为传述《诗》、《书》、礼、乐之人，《诗》、《书》、礼、乐与孔子之思想判然为二；孔子为多学而识好古敏求之人，非无所不包如后人所想像者。

夫孔子既述而不作，生春秋之末，犹遵周公之制，当礼坏乐崩之时，众人不行，儒者为能行之，遂见怪于世。诸子中所目为儒者之制，实则周初之制也。《公孟篇》记："公孟子曰：'君子必古言服，然后仁。'子墨子曰：'……且子法周而未法夏也，子之古非古也。'"《中庸》载孔子之言则曰："愚而好自用，贱而好自尊，生乎今之世，反古之道，如此者，灾及其身者也。非天子，不议礼，不制度，不考文。今天下车同轨，书同文，行同伦，虽有其位，苟无其德，不敢作礼乐焉；虽有其德，苟无其位，亦不敢作礼乐焉。"以之与墨子之言合观，若相对而发。生今之世谓周，反古之道谓法夏，此盖儒者托之于孔子欤？吾谓墨子之法夏，必不如儒者之恪守周制，一则以夏后所遗之文献必已甚少，而墨子于述作之观念与儒者异趣故也。《论语》："孔子曰：'禹，吾无间然矣！菲饮食而致孝乎鬼神，恶衣服而致美乎黻冕，卑宫室而尽力乎沟洫。禹，吾无间然矣！'"墨子所称之夏法，亦与此不相远。以社会之演进而论，禹之质朴勤劳事鬼过于周世，乃自然之势。墨子之学自不必出于禹，以其惩周之弊，思有以易之，其行与禹适相类，故自托于禹耶？墨子立言上本之于古者圣王之事，然而于儒家所言，并未有言其非先王之制者，而于己所建立，则未敢强言为先王之制。《节葬下篇》曰："后世之君子，或以厚葬久丧以为仁也，义也，孝子之事也；或以厚葬久丧以为非仁义，非孝子之事也。曰二子者，言则相非，行则相反。皆曰'吾上祖述尧、舜、禹、汤、文、武之道者也'，而言即相非，行即相反，于此乎后世之君子，皆疑惑乎二子者言也。若苟疑惑乎二子者言，然则姑尝传而为政乎国家万民而观之。"

以有用无用判真伪，不能明征其辞，盖可知矣。吾意孔子谓为从周，述而不作。庶人议政，墨子实倡之也。

二　受墨家影响后之儒家

庄子谓“儒、墨之是非”，明其争辩之烈矣。墨子树义，既多对儒家而发，后起之儒遂有解释修正，或且采纳其义而镕铸之，藉此可见原始之儒与后期之儒有大小之殊焉。闳硕壮美之学，信非一手一足之力，赖有群贤继述而光大之耳。使抱残守阙如后世，则儒学不将与诸子同其息灭耶？是用表而出之。

《墨子·非儒篇》曰：“其亲死，列尸弗敛，登屋窥井，挑鼠穴，探涤器，而求其人矣。以为实在，则赣愚甚矣。如其亡也，必求焉，伪亦大矣。”《公孟篇》：“公孟子曰：‘三年之丧，学吾之慕父母。’子墨子曰：‘夫婴儿子之知，独慕父母而已，父母不可得也，然号而不止，此其故何也？即愚之至也。然则儒者之知，岂有贤于婴儿子哉！’”后人因熟闻荀子以后儒者之言，则只见其粗浅，然当时之儒者竟无以应之。盖此为周之旧礼，儒者从而行之，未有说焉。礼之为道，不主径情而以文，其义创于荀卿，《戴记》中儒者踵而发其致极，荀卿以前，未尝有闻焉。《礼论篇》云：“三年之丧何也？曰：‘称情而立文。’”又曰：“故三年之丧，人道之至文者也。”自荀卿以文释礼，于是礼义大明。下至雩祭之类，旧日之迷信，皆使之合于文理。此为儒学一大转变，安知不由墨子之攻难乎？其他如墨子之非厚葬，在孟子则曰：“非直为观美也，然后快于人心。……君子不以天下俭其亲。”墨子之言遂亦不足以难之，特此视以文释礼之关系为小耳。此儒家以墨家之攻难而加以解释者也。《乐记》亦继《荀子·乐论》而作，《乐论》以乐为人情所不能免，以难墨子之非乐。

《公孟篇》："子墨子曰：'儒以天为不明，以鬼为不神。'"是墨子以前之儒者，皆不信天鬼也。《公孟篇》："公孟子曰：'无鬼神。'又曰：'君子必学祭祀。'子墨子曰：'执无鬼而学祭礼，是犹无客而学客礼也，是犹无鱼而为鱼罟也。'"《天志篇》曰："今天下之士君子，知小而不知大。"此攻击儒者不信天鬼之失也。无鬼而重祭，固不可通。《中庸》："鬼神之为德，其至矣乎。"又曰："体物而不可遗。"《戴记》"祭统""祭义"等篇阐发更为详尽，非孔子"敬鬼神而远之"，"未能事人，焉能事鬼"之态度也。儒者因言政必推极于天，故孟子言"天子能荐人于天"，因扩充礼之范围，故《礼运》言："夫礼必本于天。"及至《春秋》家言，则显用天志之义，《春秋繁露》云："《春秋》之道，奉天而法古。"又曰："不显不明非天志……不敢不顺天志。"即灾异之说，亦《墨子·尚同篇》之言而《春秋》家援用之，孔子、孟、荀曷尝为此言乎？此儒者受墨家之攻难而修正者也。章太炎师《菿汉昌言》曰："问曰：'鬼神体物而不可遗，有诸？'曰：'昔闻诸夫子敬鬼神而远之。诚体物而不可遗者，虽欲远之，何由远？若可远也，何不可遗之有！'曰：'获罪于天，无所祷也，何谓也？'曰：'天以喻君也。'"《集解》孔义。章师笃信孔子不信天鬼之说，其识远矣！天鬼皆原始时代所信仰，故不以为儒家取墨家。

古无匹夫而为天子之说，有之，自墨子始。《尚同篇》曰："是故选天下之贤可者，立以为天子。天子立，以其力未足，又选择天下之贤可者，置立之以为三公，天子三公既以立，以天下为博大，远国异土之民，是非利害之辨，不可一二而明知，故画分万国立诸侯。国君既已立，以其力为未足，又选择其国之贤可者，置立之以为政长。"墨家以天子出于选贤也。《公孟篇》："公孟子谓子墨子曰：'昔者圣王之列也。上圣立以为天子，其次立为卿大夫。今孔子博于《诗》《书》，察于礼乐，详于万物，若使孔子当圣王，岂不以孔子为天子哉?'”此因墨子之言而言之也。而孟子之言适与相承，曰：“匹夫而有天下者，德必若舜禹，而又有天子荐之者，故仲尼不有天下。”岂非承受墨子之说而然乎？伍非百师《墨子大义述》以《礼运》大同说出于墨家。吾昔注《小戴礼记》，以为儒家采墨家之说为之，非墨家之本然也。孟子取墨家选贤说而未张大之者，以儒家之尚贤与墨家之尚贤异，儒家亲亲尊贤并重，墨家则举义不避疏。《尚贤篇》曰：“亲者闻之，亦退而谋曰：'始我所恃者亲也，今上举义不避疏，然则我不可不为义!'”《礼运》：“不独亲其亲，子其子。”故能融会儒、墨而建大同。墨子之非命也，其义有二。《公孟篇》曰：“又以命为有贫富寿夭，治乱安危有极矣，不可损益也。为上者行之，必不听治也，为下者行之，必不从事矣，此足以丧天下。”《非命篇》曰：“今用执有命者之言，是覆天下之义。覆天下之义者，是立命者也。”此其一。孟子于此则绎之曰：“夭不寿贰，修身以俟之，所以立命也。”此立命者，即所以释墨子之非立命也。《非命篇》曰：“于《仲虺之告》曰：'我闻于夏人，矫天命布命于下，帝伐之恶，龚丧厥师。'此言汤之所以非桀之执有命也。于《太誓》曰：'纣夷处，不肯事上帝鬼神，祸厥先神禔不祀，乃曰：吾民有命，无廖排漏，天亦纵之弃而弗葆。'此言武王所以非纣之执有命也。”此其二。盖古代天子诸侯以至贵族，必相与执为有命之言，贫富贵贱不可得而改易，墨子以贱人而言尚贤，故非之耳。此即《易传》“汤、武革命，应乎天而顺乎人”之所本。《易传》已有“革命”一辞，固较墨子为尤进。必知《易传》取于墨子者，以墨子非命，不知有革命之说，孟子对汤放桀、武王伐纣尚多费辞，若其时已有“革命”一辞，直一言而决耳。凡此皆儒家取墨家而镕铸之者也。

儒墨道法四家学术之比较

昔尝论孔、墨、老、庄、孟、荀、商、韩八篇，详于说明，而略于比较，盖欲综合数家之言，而别为一篇以领之也。因循未就，昨已将此八篇交开明印行，命曰《诸子概论》。念综与分，一经一纬，不可以阙，因急写成，以求教于柱尊前辈，并乞为刊入本刊①，以质有道。

司马父子，辨章晚周学术，别为六家，刘《略》踵之，于六家外，有所增益，而成十家九流。然刘氏为校理群书而作目录，固其所宜，实则纵横小说之流，乌足以与孔、老比隆也？即以六家而论，名与阴阳，其学久绝，比之儒、墨、道、法，是否相伦，亦未易言。近世名家者言，虽学者稍理董之，其言关于修养与治术者并鲜。是则晚周学术于此四家之言，亦足以观止矣。孟子曰："逃墨必归于杨，逃杨必归于儒。"《庄子·天下篇》所论诸子，亦不出此三家。邹、鲁之士，明于《诗》《书》《礼》《乐》，此儒家也。宋牼、尹文，此以道家为内，墨家为外者也。慎到、彭蒙、田骈，此得道家之一偏者也。墨翟、禽滑釐之为墨，关尹、老、庄之为道，此又夫人而明之者也。法家晚出，为周、秦之关键，其影响之大，正未可忽。儒家独能久远者，虽其渊源既远，广大悉备，所操职业亦一大原因也。诸子各思以其学易天下，然而政治上所需之人有

①编按：本文原刊于《学术世界》第一卷第五期。

限，安得人人而用之。既无所用，其学必不长久。老子、庄周，以不用为大用，无为而无不为，因其竟不为世用，遂类长沮、桀溺之伦，此乃上智之所好，非中才之人所能学也。墨家者流，聚徒众多，上说下教，其为生也，权贵之供养，与弟子达者所致之金耳，二者皆不可为常。而所谓巨子者，必非常之人，方足导领群众，安得世世而有之，无其人，则众离矣。法家所讲求者，治国之要，得志则施于政事，不得志亦不聚徒讲学。故道、法二家，本不汲汲于传学，其学不传宜也。墨家之不传，实无职业有以使之。儒家游文六艺，取官学之统而代之，乃藉此以为职业，达则从政，穷则授徒，故可长久。此理至明浅，如当科举时代，无论通人达士，其子弟不读书则已，苟读书必先习时文，因此可以为职业，而又可以上进也。六艺虽非时文可比，其足以谋生正同，儒家之能长久，其职业关系，宁可忽哉？儒家在晚周已有统一之可能，盖诸子虽有异同，然历代相传之文物，已为儒家所专有，汉庭之所尊，六艺也，徐坊犹曰"《论语》不宜射策"，孟、荀犹在诸子之列，然则诸子之息绝，无乃天然淘汰与？夫学问之难，在于同中见异，异中见同，贵能心知其意，而不泥其迹，尝病世俗论诸子者，或以为冰炭同器之不相容，或以为以水济水之不能分，皆泥其迹象而昧其本源也。班固之言曰："虽有蔽短，合其要归，亦六经之支与流裔，使其人遇时，得其所折衷，皆股肱之才矣。"尝读斯语而不明其效。又思庄生之言曰："天下大乱，圣贤不明，道德不一……天下之人，各以其所欲焉，以自为方，悲夫！百家往而不反，必不合矣。后之学者，不幸不见天地之全，古人之大体，道术将为天下裂。"其言亦何悲矣。今既不可以遇大圣而闻道术之全，又不能不求道术之未裂，而道术既已裂也，欲求道术，又乌能不合方术而观哉。方术固非道术矣，摸象者各得其一体，合而观之，亦庶几可以想像全象与？庄生曰“往而不反”，班氏曰“拘者刻者为之”。呜呼！此诸子之所以为诸子也。即以法家之守法而论，道家无心而因应，其用之于法，当能一断于法，无所偏私；墨家行墨子之法，虽国法所宥，亦所不赦。惟儒家亲亲，与守法有不能两全之时，故桃应以“瞽叟杀人”难孟子，然而孟子一则曰“执之而已”，再则曰“窃父而逃”，执之者士师之职，窃逃者人子之孝，舜不禁之而窃逃，逃得与不得，固未可知也，使士师执而杀之，舜亦惟有相随于地下。然则守法之精神，法家所专有乎？其他皆类是。班氏所谓“知国体之有此，见王道之无不贯”者，匪特杂家之宗旨，实不刊之名言。《吕览》《淮南》，无非代表秦、汉间学术之倾向而已，不克负道术，而以杂家名，作者之德有未逮耳。

庄生之言曰：“自其异者视之，肝胆楚、越也，自其同者视之，万物皆一也。”故庄周不能不异乎老聃，孟轲不能不异乎孔子，然而司马氏论六家，一则曰“虽百家弗能易也”，再则曰“虽百家弗能易也”，诸家既各有不可易之道，而其异若是，则班氏所谓“各引一端，崇其所善”也。荀卿《解蔽》有见无见之说，所由作也。然此皆药方，道、墨二家之药方未尝试也，儒家小试而未竟其用也。见之行事，惟法家耳。以法家得君之专，用事之久，与孔子之三月为政较，其陋亦显矣。道家明虚无因应之道，不得百里之地而君之，则无所施其才，其论治论学，有上达而无下学，既无以治人，又无以化人。此就老、庄之书而言，故不足以尽其学也，览者宜知之。墨子见天下之争乱，起于不相爱，故救之以兼爱。然而不尚礼乐，不足以别，不足以和，不明爱之所由生，故统之以天，惧之以鬼神，验之以利害，其何能久？法家明法术，惟韩非能兼之，申、商则不能也。法者上下所率由，术者人君所独运，然而国无明君，则虎狼食人，以其平昔无教化之道，而惟恃法术以为督责也。惟儒家下学上达，明于本数，系于末度，有道家之长，而无其短。亲亲以为爱始，礼乐以成教化，有墨家之长，而无其短。修身而至家国天下，“道之以德，齐之以礼”，出于礼者而后入于刑，有法家之长，而无其短。虽然，能尽此道者，亦惟孔子而已。道家君道也，体刚者不可济以刚，故“贵柔”“不敢为天下先”。孟子曰“壹正君而国定”，荀子曰“有乱君，无乱国”，此乃人所公认，故孟子言“惟大人为能格君心之非”，墨子以天子同天下之义，申、韩学黄、老，故详于主道。道家知治乱之耑在是，故详于君道，以为君道得无不治。儒家见人群之组织，必有其条理，于是“父子有亲，君臣有义，夫妇有别，长幼有序，朋友有信”，此数者虽原于天性，实赖于教育之启发与培养。天生烝民，作之君，作之师，皆所以率民于此道矣，故特重教化。墨家见祸乱之起，由于不能爱人若己，故贼人以利己，使人人能爱人若己，则盗贼是息而兵由此止，欲救其弊，舍兼爱无由，故曰“兼相爱，交相利”。法家见天下之乱，由于赏不能信，罚不能必，赏不信则无以劝善，罚不必则无以止奸，国未尝无赏罚矣，赏罚之不行，由于不用法耳，使能一断于法，则得其平，而奸乱止也。是此四家者，各是其道，于异家之言，故未尝以为不可也，以为不急耳。道家所理想之社会，为一衣食有余而文明之社会，使人人皆尽美尽善，而无所用圣智之名，故老子曰：“大道废，有仁义，智慧出，有诈伪，六亲不和，有孝慈，天下昏乱，有忠臣。”庄子曰：“天下均治，而有虞氏治之也，其乱而后治之耶?”儒家所理想之社会，为大同社会，故孔子曰：“老者安之，朋友信之，少者怀之。”孟子曰：“出入相友，守望相助，疾病相扶持，则百姓亲睦。”《礼运》曰：“大道之行也，天下为公，选贤与能，讲信修睦，故人不独亲其亲，不独子其子，使老有所终，壮有所用，幼有所长，矜寡孤独废疾者，皆有所养。”墨家所理想之社会，为一兼爱之社会，故墨子曰“余财相分”“余力相劳”“良道相教”。法家所理想之社会，为一奉公守法之社会，故韩子曰：“群臣守职，百官有常。”儒、道、墨三家所欲达之目的，大体相类，而办法则异。墨家欲尽荡一切旧制，而行选举，以达其完全之贤人政治。义详《尚同篇》。儒家知天下为家已久，选贤任能之制，最初止能推行一部分，殷因于夏，周因于殷，当时之制度，尚可行者，则尽力保守，其所以达大同之道，取径于小康，“老吾老以及人之老，幼吾幼以及人之幼”，以渐至于大同之世。道家心想至治之世，而卑小康以为不足道，故其办法未闻，然道家贵因应，必不肯逆人之情，而一旦强之以行大同之事，谅与儒家为近。是则三家之理想略，而办法则异也。故《礼运》大同就其理想方面看，则道、墨亦有之；就其办法方面看，则儒家所专有也。法家所以能致奉公守法之效者，利害出于一孔耳。可见儒家出于道德，法家出于威迫，道家文不具而术可推知，墨家则理想而无方法也。又当时有一共同之理想，则统一是也。老子曰“大国以下小国，则取小国”“大国不过欲兼畜人”，是其方法在大小相得，以小事大。孔子作《春秋》，尊周室，其方法在复旧来天子诸侯之职分，使不相逾越。孟子言“定于一”“不嗜杀人者能一之”，盖其时周室已绝不可望，故孟子惟希望有一仁人出面统一耳。墨子以天子同一天下之义，此县一贤人政治理想，而无以达之也。法家则主武力统一，故商君以“专力”“杀力”为政略，专力以农，杀力以战。盖法家最能与当时之环境相应，故能收统一之效，然而不旋踵而灭亡者，亦由天下为一，无输毒之处，奸生于内耳。然此并不足为儒、道、墨三家病，因三家之理想既极高远，而又始终未能见诸行事，在儒、道、墨三家之地位而视法家之统一，亦曰：“苟且之效，君子不贵矣。”

道家言君道，故曰“无为无不为”，无为无不为，莫之为而常自为也。庄子曰："上无为也，下亦无为也，则下与上同道，下与上同道则不臣，下有为也，上亦有为也，则上与下同道，上与下同道则不主。"其申明无为之义，至显白也。太史公曰："无成势，无常形，故能究万物之情，不为物先，不为物后，故能为万物主。"究万物之情，韩子特发明之，为万物主之义，即太史公所为因应。佛家谓"寂而常动，动而常寂"，用其辞以释无为无不为恰好，不过佛家以寂为体，动为用，老子皆就用说耳。班氏之言曰："道家者流，出于史官，历记成败存亡祸福古今之故，然后知秉要执本，清虚以自守，卑弱以自持。此人君南面之术也。"以近来常语表之，老子之道，即历史哲学之一种，老子见事实之衍变，皆常与无常，故以"不居"处之，曰："夫惟不居，是以不去。"反之则不能长有，曰："飘风不终朝，骤雨不终日，孰为此者？天地，天地尚不能久，而况于人乎？"曰："金玉满堂，莫之能守，富贵而骄，自贻其咎。"是以道家贵柔，其所谓柔，对刚而言，非无力之谓也。故施之于身，施之于家，施之于天下，皆以无为无不为之态度出之。庄子之学，大体承继老子，然庄子由无常之义而发明"不死不生""死而不亡"之道，由相待之义而发明"乘天地之正，御六气之辨，以游无穷"而无所待之道。老子之学，常留意于用也，庄子则曰"其土苴以为天下""尘垢秕糠""陶铸尧、舜"，以无用为大用。老子之学，法自然而已，庄子之学，则人即自然，常有"上与造物者游，下与外死生无终始者为友"气象。老子，人学也；庄子，超人之学也，此道家思想之大概也。孔子之学，仁以终始，施之于事则为中。中者，事之不可易也；仁者，心之所不得不如此也，故能尽仁之道，即得中道，以仁发心始，以仁覆天下终。孟子之于孔子，亦如庄子之于老子。性善之说，由于孔子"性相近也"之说而加以阐明者也。庠序井田，由于孔子"富庶"之说而加以发明者也。"大行不加""穷居不损"之说，由于孔子"疏食饮水乐亦在其中"

之说而阐明者也。在《论语》中所见之孔子，人中之麟凤而已，在《孟子》中，则人性益觉伟大，超出治国平天下以外，而人生意义固未尝少有所缺也。荀卿之学，其迹象固未离乎孔子，其内心则与孔子相远。荀卿以礼为一切准绳，只求于礼不悖，即已足也，故重外形之束缚，而轻内心之涵养。其言礼之所起为二，一为人群之权利义务，故曰“人何以能群曰分”；一为丧祭之礼，出于人性，曰“吉凶忧愉之情”，是则荀子之学二本也。然荀子以礼为富强之原，其对治法家，则比孟子有力。此儒家思想之大概也。墨子之学，以兼爱为主，而以尚同为达兼爱之具，然而兼爱于人心无根据，故本之于天志，以天为父，则兼爱有缘，节用、节葬、非乐，以兼爱之心而忧天下之不足也，非攻以兼爱之心而非之也，尚贤所以为尚同之注脚也，明鬼所以惩不贤也。墨子之学，就其学而论，自有其体系，然必完全变更社会制度，而后可通。此墨家思想之大概也。商君之学，一断于法，以农战致富强之效。韩非之学，其言法也，无殊于商君，因鉴于有法无术之弊，故明君人之术，以为法之保障，然后法不为奸臣所窃。此法家思想之大概也。就四家之形式言之，儒、墨皆道仁义，道、法皆明君道，就其内容言之，则儒、道以心为计算，墨、法以事为计算，一重于动机，一重于效果，此当分别观之者也。就其相互之影响而论，则以道家之影响于三者为多，老、庄非毁仁义，于是孔、孟有生命之仁义出，此受其反面影响也。至于宋子之主“情欲寡”，韩非子之明主术，此受其正面影响也。此篇不过略举其大概，若各家学术之系统，与各家所独创之点，及其相互之关系，别详拙著《诸子概论》，此不过引其端绪而已。

孔学述要

子曰："学而时习之，不亦说乎！有朋自远方来，不亦乐乎！人不知而不愠，不亦君子乎！"三者，孔子自道也。"学而时习之，不亦说乎"，此孔子之好学不厌也。"有朋自远方来，不亦乐乎"，此孔子之诲人不倦也。孔子自谓曰："我学不厌而教不倦也。"时或自谦，则曰："好学不厌，诲人不倦，何有于我哉。""人不知而不愠"者，《中庸》所谓"君子依乎中庸，遁世不见知而不悔，惟圣者能之"也，《易传》所谓"遁世无闷，不见是而无闷，乐则行之，忧则违之"也。学而不厌，所以成其为学术家；诲人不倦，所以成其为教育家；遁世无闷，则不适时之政治家之修养也。孔子以前，成学在官守，故无专门之学术家。无私人授徒之风，故无专门之教育家。贵族世卿，故无不得意之政治家。孔子者，以学术家而兼教育家，且为不适时之政治家也。

孔子曰："吾从周。"又曰："甚矣，吾衰也。久矣，吾不复梦见周公。"又曰："如有用我者，吾其为东周乎！"孔子所服膺者，为周之文化，孔子所敬慕之人，则为周公。周公制作礼乐，人合治统，与道统为一。孔子之欲东周，盖如周公之于西周耳。卒不得行其道，于是祖述尧、舜，宪章文、武，传先圣之业于来世，私门授徒，有教无类，播贵族修己安人之政治道德于平民。秦、汉以来，治统系乎时君，道统存乎孔子，治统异更，而道统长存。宰我以为贤于尧、舜，信不诬矣。

孔子之贤于尧、舜，又不仅在继往圣、开来世之功，其学信有过之者。其学维何？心学即仁学。与史学之交融而已。无心学则礼义无统，历史皆为陈迹，又散漫不能统摄。无历史则不足以圣圣相传，且以证斯理之变化。心学为内，历史为外，心学以极其深，史学以致其远。心学明其常，史学尽其变。先圣后圣，其揆一也。史学又为心学之推行焉，详见拙作《先秦诸子是非之准则及对历史文献之态度》。故孔子言学，一则曰“一以贯之”，再则曰“一以贯之”。一贯之道何哉？仁而已矣。即心学。孔子独赞颜子为好学，颜子者，三月不违仁者也。孔子之教，在人则博文约礼，博文即史学，约礼即心学也。子曰：“人而不仁，如礼何？”仁非礼之根本乎。

孔子之学，得孟、荀之阐发而大明，故言儒学，当以《论语》《孟》《荀》三书为主。然其根本，已具于孔子。孟子所阐发者为仁，荀子所阐发者为礼。仁、礼两者，为孔子学术之中心。孟子之于孔子偏于内，荀子之于孔子偏于外。知此，不仅于孔子之学易明，孟、荀两家同中之异、异中之同，亦可略识也。周人所谓礼治，为治道合一之教，孔子承之，而复大阐仁教，以充实礼治之内容。周人之礼治，其用在修己安人，以今日术语言之，即道德学、政治学。故儒学之范围，不出于修己安人，亦即不出于道德政治而已。其言为国，则曰：“能以礼让为国乎，何有？不能以礼让为国，如礼何？”其言一切道德之节，则曰：“恭而无礼则劳，慎而无礼则葸，勇而无礼则乱，直而无礼则绞。”其答颜渊行仁之目，则曰：“非礼勿视，非礼勿听，非礼勿言，非礼勿动。”其重礼何如哉。而孔子之所独重者为仁，故《论语》中，弟子问仁者极多。孔子既以仁为极致，故罕言仁，而求仁之道，孔子固已言之，曰：“夫仁者，己欲立而立人，己欲达而达人，能近取实，可谓仁之方已矣。”孟子言：“强恕而行，求仁莫近焉。”能近求实，即强恕之事。己立立人，己达达人，则为仁者之气象。孟子所谓：“仁者，浑然与物同体也。”① 仁虽难言，体玩其气象，亦庶几遇之事。孔子之所以勉人从事者，则为学问，曰：“十室之邑，必有忠信如丘者焉，不如丘之好学也。”子曰：“我非生而知之者，好古，敏以求之者也。”又曰：“好仁不好学，其蔽也愚。好知不好学，其蔽也荡。好信不好学，其蔽也贼。好直不好学。其蔽也绞。好勇不好学，其蔽也乱。好刚不好学，其蔽也狂。”其重学又如此。孔子之道，虽不可以一端致，于斯三者求之，不中不远矣。

孔子之道，极高明而道中庸，曰：“天何言哉？四时行焉，百物生焉。”又曰：“逝者如斯夫，不舍昼夜。”此其高明也。曰：“我非生而知之者，好古，敏以求之者也。”曰：“好学不厌，诲人不倦。”所以语人皆学之事。人人可能者，又何其平易哉？弟子之称孔子，语其极致，则曰：“子绝四，毋意，毋必，毋固，毋我。”颜渊喟然叹曰：“仰之弥高，钻之弥坚，瞻之在前，忽焉在后。夫子循循然善诱人，博我以文，约我以礼，欲罢不能。既竭吾才，如有所立卓尔，虽欲从之，末由已矣。”子贡曰：“夫子之不可及也，犹天之不可阶而升也。夫子之得邦家者，所谓立之斯立，道之斯行，绥之斯来，动之斯和，其生也荣，其死也哀。如之何其可及也？”孔子之所至虽可测度，而孔子所以示人从入之途，固人人可知与能。千里之行，始于足下，《荀子·劝学篇》曰“学不可以已”，又曰“功在不舍”，此固圣门教法也。

必不得已而言孔子之极诣，则孟子所谓孔子圣之时者，庶几得之。夫时者，谓其应物变化，由得其宜耳，以用言也，此即孔子所谓“可”与“权”，亦即荀子所谓“体常而尽变”。惟此理有常，事

①编按：此为程颢《识仁篇》语。

则无不变，不得此心之常理，断无以应万事之变化。孔子自述为学之程，终于从心所欲不逾矩，即是随感而应，因事立法，皆时也，皆权也。孔门之教，恒是藉用显体。《易传》言“神无方而《易》无体”，又曰“寂然不动，感而遂通”，此心之容也。心以感为体，所以即用以显体；感而不失其寂，所以由体以达用。孔子之所以为时中之大圣者，即在为仁之熟，从心所欲不逾矩。孔子之所以高于老子者，亦在老子专在拟度，而孔子能以一心宰万事也。

周秦儒学史论

《说文》训“儒”为“柔”，术士之通称。儒者思虑周达，遇事而谨，无初民强悍之风，故亦云“柔”。今日民气偷懦，柔乃为诟病；易之上世，则亦礼文之美名。凡名之分界明征者，无不有所偏，世之所贵，乃视当时之阙失以为好尚，无足怪已矣。孔子修前王之业，述而不作，六艺所书，悉有所本，与司马之厥协六经、整齐百家，谅无殊异。王官失守，史文放失，尚考旧闻，必资六艺，七十子之徒传之，遂以古之大名为所专有，而众家不敢望焉。《汉书·艺文志》云：“儒家者流，盖出于司徒之官。助人君，顺阴阳，明教化者也。游文于六经之中，留意于仁义之际。”教化者儒家之所重，而非儒家之全，孟、荀诸儒，未尝舍政而言教。为政必待势位，周室崩坏，而教可窃取，因以所能行者著其用，隐然尸古司徒之职。六国破碎，秦火焚烧，二帝三王之道灿然于后，而为中国学术之源泉。若言儒效，此其著也。后世儒者，身不逢世，即以守先待后为任，政坏于上，学不绝于下，亦家法之本然欤。

儒家之所传者，有文有义。义之所至，礼而已矣。“博学于文，约之以礼”，能事毕矣。六经述古，不没其实，极纂述之能，未尝空言以见义。《论语》《孟》《荀》之书，《春秋》与《易》之传，下逮两戴所辑古记，斯为义之渊薮，儒者之所造焉。前世儒者，不达斯义，昧于儒家学术演进之伦序，混为一谈，致语多扞格，不足劭矣。盖不明本书之性质，则其言为幻语；不明同时异学之訾应，则其言为瞽说。舍其前之历史，则不足以知其因革；舍其时之情状，则不足以识其因应，此其蔽也。

六艺者，古之史也。儒者传之，于其散者，则揭其总持；于其善者，则著其教义。故儒者之学虽渊源于六艺，而不必尽同。春秋之世，王泽未竭，异学未兴，《论语》始著其源，而流未畅。战国之世，异学滋兴，竞于富强，孟子著书，首明性善，以释道家之非，严于义利，以破功利之说。荀卿稍晚出，而功利之说已大效于当时，于是揭礼为纲，上以截断道家心性之学，下以明功利学说之为，苟道富国强兵，立说施教，礼其要焉。孟、荀二子，身虽未用，学则大显，被其教与闻其风者，实繁有徒，于是有新儒学出焉。孔子言“政”言“仁”，而孟子则直言“仁政”；孔子言“富”言“教”，孟子则直言“制民之产”“设为庠序、学校以教之”；孔子言“性相近”，孟子则直言“性善”“人皆可以为尧、舜”；孔子答宰予问三年之丧以心安为衡，孟子则直言“仁义礼智，非由外铄”。孟、荀虽同时，而持论各殊。孟子明礼乐之原，荀子明礼乐之效；孟子言“性善”，明礼乐出于人性，荀子言“性恶”，明起礼乐以化性；孟子于道家无所非刺，荀子则斥道家“蔽于天而不知人”；孟子拒墨翟以为无父，乃从兼爱之缘起立论，荀子则从礼乐立论，以非墨子不知礼乐之用；孟子于功利之说斥之而已，荀子并以礼乐为富强之原，即以破功利之说。性善性恶之争，即自然与当然之争，亦天人之争也。孔子于天人之际，言之不详。孟子则曰“知天事天”，是天人合一也。荀子曰“不求知天”，是言人为而不言天然也。《易・系辞》曰：“天尊地卑，乾坤定矣。卑高以陈，贵贱位矣。动静有常，刚柔断矣。方以类聚，物以群分，吉凶生矣。在天成象，在地成形，变化见矣。是故刚柔相摩，八卦相荡，鼓之以雷霆，润之以风雨；日月运行，一寒一暑。乾道成男，坤道成女。乾知大始，坤作成物。乾以易知，坤以简能；易则易知，简则易从。易知则有亲，易从则有功，有亲则可久，有功则可大。”又曰：“显诸仁，藏诸用，鼓万物而不与圣人同忧，盛德大业至矣哉！富有之谓大业，日新之谓盛德。生生之谓易。”《乐记》与此略同，惟《系辞》言“乾坤”而《乐记》言“礼乐”为异。曰“生”曰“久”，天人之本质；曰“类聚”曰“群分”，天人之变化。《礼运》曰：“故人者，天地之德，阴阳之交，鬼神之会，五行之秀气也。”又曰：“故人者，天地之心也，五行之端也，食味、别声、被色而生者也。故圣人作则，必以天地为本，以阴阳为端，以四时为柄，以日星为纪，月以为量，鬼神以为徒，五行以为质，礼义以为器，人情以为田，四灵以为畜。”《中庸》曰：“天命之谓性，率性之谓道，修道之谓教。”此言天人之合一也。《乐记》曰：“天高地下，万物散殊，而礼制行矣。流而不息，合同而化，而乐兴焉。春作夏长，仁也；秋敛冬藏，义也。仁近于乐，义近于礼。”人本天地之气而生，即具散殊合同之理。天地之大德曰“生”，“生”亦人之德。天地之变化为刚柔、为阴阳、为寒暑，在人则为仁义、为爱敬、为礼乐。是自然者，当然之极致。当然即本于自然，自然者莫不皆然。当然者，不能不然也。然其所以巨变者，凡有三因：一为调和孟、荀，二为受墨家之非难，三为融道于儒。以晚期思想与孔、孟、荀比观而益显著。

孔子以前，道德伦理之根据在天，而道家非之，于是以启孔、孟之心学。老子曰：“仁义人之性与。”《庄子》书引老子语。《庄子》曰：“彼仁义其非人情乎。”故孔子于丧礼之解释，不言天命，不本先王，而曰“于女安乎”。孟子反复致辨者，皆在于此，一则曰“仁义礼智根于心”，再则曰“仁义礼智非由外铄”，礼义虽圣人所制作，非强加于人，故又曰：“圣人先得我心之所同然。”其斥告子义外之说也，曰：“子能顺杞柳之性而以为桮棬乎？将戕贼杞柳而后以为栝棬也？将戕贼杞柳而以为栝棬，则亦将戕贼人以为仁义乎？率天下之人而祸仁义者，必子之言乎！”礼义根于人心之说，孔子发其端，孟子究其绪，理在事物，则施事而异名，理在于心，则异名而共贯。前之言三德、九德，皆若莫能相通，自孔子以来，或言仁，或言诚，或言礼，胥能一以贯之。理在于心，则重动机而不计效果。孟子与齐王论牵牛而过堂下，曰：“无伤矣，是乃仁术也，见牛未见羊也。”牛羊同一死，其效也；见牛未见羊，其心也。孔孟既从心性立说以明仁义，又斥墨子之重效果，孟子曰：“天下之言性也，则故而已也。故者，以利为本。”此非墨之辞也。而墨家亦非儒之重动机而不重效果，《墨子·公孟篇》曰：“子墨子问于儒者曰：‘何故为乐？’曰：‘乐以为乐也。’子墨子曰：‘子未我应也。今我问曰：何故为室？曰：冬避寒焉，夏避暑焉，以为男女之别也。则子告我为室之故矣。今我问曰：何故为乐？曰：乐以为乐也。是犹曰：何故为室？曰：室以为室。’”重动机而不重效果，则必求之内心，而不足以解墨家之难，故不得不求之于外，以为善恶标准。《易·系辞》曰“生生之谓易”，又曰“天地之大德曰生”，《易·恒彖》曰：“天地之道，恒久而不已也。……日月得天而能久照，四时变化而能久成，圣人久于其道而天下化成。观其所恒，而天地万物之情可见矣。”《易·系辞》曰：“易穷则变，变则通，通则久。”《中庸》曰“至诚无息，不息则久，久则征，征则悠远”，又曰“悠久所以成物也”，此以生久为外之标准也。老子亦言“长生久视”，固不若《易传》《中庸》之畅达。《老子》书前于《孟子》，而《孟子》不言者，道家之学合天人为一，宇宙人生不可分离。其言宇宙人生，皆言现象而不言本体。宇宙之现象，则生生不息，悠久无疆也，故以生久为人生至善。孔子罕言天，荀子不求知天，孟子虽言知天事天，而其要在求礼法于人心，而不在宇宙与人生。故待

《易传》《中庸》诸书，始冶合道儒为一而建立新儒学。以儒家为主而兼取道家者，《易传》《礼运》《乐记》《中庸》诸篇是也。以道家为主而兼采儒家者，《吕氏春秋》其著也。礼家言礼，本于太一，亦出道家。以心性之说言之，孟子以性善为礼义之根据，故性善为孟学之要旨；荀子重礼而不重性，性恶之说，特以对孟子而发，以防其纵情性之流弊。人性善而恶人多者，物诱之也；人物之间所以联系者，欲也。孟子曰："养心莫善于寡欲。其为人也寡欲，虽有不存焉者，寡矣；其为人也多欲，虽有存焉者，寡矣。"庄子曰："嗜欲深者天机浅。"孟、荀二子于并世学说，多所破斥。孟子于道家犹有所取，荀子于道家且斥之，因斥道家不得不并非孟子。荀子之言非真能破孟子、庄周也，截断而不言耳。《荀子·非相篇》曰："论心不如择术。"《正名篇》曰："凡语治而待去欲者，无以道欲而困于有欲者也。凡语治而待寡欲者，无以节欲而困于多欲者也。有欲无欲……生死也，非治乱也。欲之多寡，异类也，情之数也，非治乱也。""去欲"谓道家，"寡欲"谓孟子也，然则荀子之情可见也。荀子亦非纯性恶论者，其引《道经》曰"人心之危，道心之微"，又曰"义与利人之所两有也"，又曰"两情者固有其端焉"，斯其明征。荀子既一归之于礼，新儒学则兼采孟子之性善与荀子之礼节而成。《乐记》曰："人生而静，天之性也。感于物而动，性之欲也。物至知知，然后好恶形焉。好恶无节于内，知诱于外，不能反躬，天理灭矣。夫物之感人无穷，而人之好恶无节，则是物至而人化物也。"《中庸》曰："喜怒哀乐之未发，谓之中。发而皆中节，谓之和。"《易传》曰："寂然不动，感而遂通天下之故。"重感与节，即合孟、荀之学而变者也。其论政也，亦罔不如是。儒家固贤人政治，其理论则愈晚而益备。孔子曰："恭己以正南面而已。"又曰："君子之德风，小人之德草。"荀子曰："君者，民之源也。源清则流清，源浊则流浊。”《大学》则曰：“古之欲明明德于天下者，先治其国，欲治其国者，先齐其家，欲齐其家者，先修其身，欲修其身者，先正其心，欲正其心者，先诚其意，欲诚其意者，先致其知，致知在格物。”《中庸》曰：“成己，仁也，成物，智也。性之德也。”以修身为枢，内而治心，外而平天下，本末一贯，成己成物，即“修己治人”。皆出于性，此儒家最高之政治思想。以礼治国，固儒家根本大法，其理论亦愈后始发挥至极。《戴记》所辑论礼之文，其崇礼过于《荀子》：《仲尼燕居》曰“使女以礼周流无不遍也”，《礼运》曰“夫礼必本于天，动而之地，列而之事，变而从时，协于分艺，其居人曰养，其行之以货力、辞让、饮食、冠婚、丧祭、射御、朝聘。……故礼义也者，人之大端也，所以讲信修睦而固人之肌肤之会，筋骸之束也。所以养生、送死、事鬼神之大端也，所以达天道、顺人情之大窦也”。孟子言礼偏于伦常，荀卿言礼偏于治国，至此则上天下地通于幽明，无乎不贯。前后相较，固有别矣。富国足民之道，孔子惟言“富之”，而未明言其道，孟子始言“正其经界”“薄其税敛”，荀子为稍详，《富国篇》曰：“足国之道，节用裕民，而善藏其余。节用以礼，裕民以政。彼裕民，故多余。裕民则民富，民富则田肥以易，田肥以易则出实百倍。上以法取焉，而下以礼节用之。”《易传》曰：“天地之大德曰生，圣人之大宝曰位。何以守位曰仁，何以聚人曰财。”《大学》曰：“生财有大道，生之者众，食之者寡，为之者疾，用之者舒，则财恒足矣。”孟子言“井田”，荀子亦曰“农分田而耕”，《大学》《易传》则言财之功用与理财之道，而不及井田，盖知其难行也。《王制》者采《孟子》与古制而为之耳，非必其思想之所寄，此与民治思想之见于墨翟、孟轲书中而后乃绝息同类，皆不适于当时之情状也。凡此数端，其衍进之迹，斑斑可考，故吾谓孔子之功为撰述六艺，以传古学；孟子、荀卿则多于破异家，以表章儒术。周末诸儒，则承继孔、孟、荀诸大儒之学，而建立完美之新儒学。孔子为集前圣之大成，周末诸儒则集孔、孟以来之大成。周末学术之所以辉光日新者，由其能信道笃而不固，不苟合而从善，或破或立，一本诚素，乃后之学者，专己守残，党同伐异，或信道不笃，随世抑扬，真有古今人不相及之感也。

西汉思想之发展

言中国学术思想，儒术其主也，而儒家思想之见诸行事，汉代其著也。以政治言之，大一统之局虽暂现于秦，然旋起旋灭，完成之者汉也。汉以下之历史，自汉而奠其基。西汉一代在吾国史上之重要何如哉，汉之为汉，乌可以不求其故乎？

一　儒家思想之复兴

道言无为，儒言仁义，《老子》曰："法令滋彰，盗贼多有。"《孟子》曰："苟为后义而先利，不夺不餍。"秦一反之，恃法以为治，先诈力后仁义，卒灭六国，老子、孟轲之言，在其时若不验。荀卿之生也后，秦灭六国之势已成，于秦之富强，非无取也，然天下竟可以诈力得哉，黔首竟可以刑罚威哉，道德仁义莫若是其无用耶？荀卿乃言曰："兼并易为也，而凝聚之为难。"盖知秦用法家政治必灭六国，灭国兼地已竟后而不能凝为一体，大一统之局止于暂现，而分崩离析随之。秦虽统一天下，而无平治天下之制度，以即归于灭亡。汉初多沿秦制而不踵秦之败者，汉初历史又回复古封建之局也。秦之统一为一巨变，新王之制不立，而旧日封建之势力犹存，其不能控制天下宜也。谓秦之设施胥无当于统一之局，殆又不然，或以其为时太短，民不见德，徒以兴怨，或秦行之尚未有效，汉踵行之以收其全功。史家以秦为汉之驱除，夫驱除之功，亦乌可没哉！然使秦统一之后，知以深仁厚泽结人心，用民之力稍有节度，亦犹可倖而不亡。乃秦以法家政治致效，见其利而忘其害，亟夺天下之富以徙之关中，亟役天下之强以驱之胡越，其势盖不亡不止，亦可哀也。

秦固无统一天下之术，而致其速亡者，正六国豪杰与远戍之卒夫耳。六国之豪，固封建之余势，远戍之夫，胥劳瘁之民也。汉初诸侯强大，虽为害于中央集权，而在中央政令未能控制天下之时，实有代中央镇压反侧之用，此汉初形势之大异于秦者。太史公《高祖本纪》曰："周秦之间，可谓文敝矣，秦政不改，反酷刑法，岂不缪乎？汉兴，承敝易变，使民不倦，得天统矣。"《吕后本纪》曰："孝惠皇帝高后之时，黎民得离战国之苦，君臣俱欲休息乎无为，故惠帝垂拱，高后女主称制，政不出房户，天下晏然，刑罚罕用，罪人是希，民务稼穑，衣食滋殖。"汉初之政治，归于不扰民而已，既观其实政，再考之时人之议论，则知萧曹之政治，实符于汉初士庶之需要。陆贾《新语》一书，则代表此时代之作品也。

秦用法家卒灭六国，其余诸子之学术。虽言之成理，持之有故，终托空言，而不能与之敌。易世而后，法家之政治失败，秦以灭亡，举凡秦所施行者无一善，而与相反者无不臧，汉初议论大抵如此。处此情感之下而儒家思想复兴之机会以成。

《新语·道基篇》云："夫谋事不并仁义者后必败，殖不固本而立高基者后必崩，故圣人防乱以经艺，工正曲以准绳。德盛者威广，力盛者骄众，齐桓公尚德以霸，秦二世尚刑而亡。"

《新语·无为篇》云："夫道莫大于无为，行莫大于谨敬。何以言之？昔虞舜之治天下，弹五弦之琴。歌《南风》之诗，寂若无治国之意，漠若无忧民之心，然天下治。周公制作礼乐，郊天地，望山川，师旅不设，刑格法悬，而四海之内，奉供来臻，越裳之君，重译来朝。故无为也，乃有为也。秦始皇帝设为车裂之诛以敛奸邪，筑长城于戎境以备胡越，征大吞小，威振天下，将帅横行以服外国，蒙恬讨乱于外，李斯治法于内，事逾烦而天下逾乱，法逾滋而奸逾炽，兵马逾设而敌人逾多。非秦不欲为治，然失之者乃举措暴众而用刑太极故也。”

秦禁文学，焚《诗》《书》，而陆贾言经艺；秦重诈力，而陆贾言仁义；秦尚刑罚，而陆贾言教化；秦事兴作，而陆贾言无为；皆一反于秦者。举凡法家之思想，秦用之行事而收效于一时者，在汉初无不成为众矢之的。又陆贾《新语·无为篇》曰：“夫法令者，所以诛恶，非以劝善，故曾、闵之孝，夷、齐之廉，岂畏死而为之哉，教化之所致也。”此明示儒、法二家政治思想之不同。然而教化所由兴，陆贾则未暇及；盖其时人民在水火之中，救死为先，犹未遑礼乐之事也。救秦之患，莫若无为，故陆贾特阐明之。秦之劳民最甚者，曰兴作，曰远戍，汉初陆贾使南粤，刘敬与匈奴和亲，则无用兵远戍之患。慎于土木之役，则人民少劳役之苦。萧曹政治所谓清静无为者在此，非一切废弛之谓也。

法家政治主于整齐划一，其弊在于狭隘，失其所以为法之意，其流毒尤不堪言。陆贾目睹秦之繁刑惨毒，故以宽容政治为其理想。《新语·至德篇》云：“天地之性，万物之类，让道者众归之，恃刑者民畏之，归之则附其侧，提之则去其域，设刑者不厌轻，为德者不厌重，行罚者不患薄，布赏者不患厚，所以亲近而致疏远也。夫刑重者则身劳，事众者则心烦，心烦者则刑罚纵横而无所立，身劳者则百端回邪而无所就。是以君子之为治也，块然若无事，寂然若无声，官府若无吏，亭落若无民，闾里不讼于巷，老幼不愁于庭，近者无所议，速者无所听，邮驿无夜行之吏，乡闾无夜名之征，犬不夜吠，鸟不夜鸣，老者息于堂，丁壮者耕耘于田，在朝者忠于君，在家者孝于亲，于是赏善罚恶而润色之，兴辟雍庠序而教诲之。”汉初政治亦大略似之，陆贾《新语》一书，谓之萧、曹政治之说明书可也。

二 建设大一统政治之学说

秦去封建太骤，故秦孤立而亡，汉初于封建之下完成统一之制，故其效与秦大异。高祖初得天下，首在安置功臣与从征之士，及保聚山泽之人；对外则使刘敬与匈奴结和亲，陆贾使南越；异姓诸侯势力太大，故大封同姓屏藩汉室以资翦除，此高祖吕后时之大势也。朝之旧臣欲把握朝政，酿成诸吕之祸。孝文即位，所深惧者，在内则朝列之元臣及同姓诸侯，在外则匈奴，此三事者，一不慎即足以致倾覆，汉廷多得一日之安靖，即国力多得一日之充实。幸而处置悉宜，旧臣日以凋谢，至景帝时申屠嘉为相以后，朝之旧臣，无有存者，故得消息于无形。文帝于匈奴虽一仍和亲之策，然于边备未或稍弛，对诸侯虽主宽大，然能制其要害。及其晚年，边备日充，汉廷与诸侯王势力之消长，较其即位之年，已得其反，故景帝得以削翦诸侯，武帝得以挞伐四夷。史家以“恭、俭、节、让”四字称文帝，固不足以尽其政术也。汉之得以完成大一统之局，所系于文帝一朝者尤重，贾谊、晁错二人于此所建明者大也。贾谊之功，在于安内，而晁错之策，见于备边，汉之所以能制匈奴，晁错之为也。

《汉书·贾谊传》云：“天下之势方倒县。凡天子者，天下之首，何也？上也。凡蛮夷者，天下之足，何也？下也。今匈奴嫚侮侵掠，至不敬也，为天下患，至无已也，而汉岁致金絮采缯以奉之。夷狄征令，是主上之操也；天子共贡，是臣下之礼也。足反居上，首顾居下，倒县如此，莫之能解，犹为国有人乎。”

自高祖困于平城以来，汉人不敢言兵，樊哙请以十万众横行匈奴中，季布曰：“哙可斩也。”汉廷屈辱已久，上下思奋。文帝拊髀曰：“嗟夫！吾独不得廉颇、李牧为将，岂忧匈奴哉。”其意可见。汉兴至文帝时，休息已久，国力渐充，贾谊之言，所以为汉廷国力奋发之征兆也。然贾谊于御边之策则疏。其时晁错亦上疏言兵事，一曰令降胡保塞，二曰募民徙塞下，三曰入粟实边，见于《汉书》晁错本传与《食货志》。汉之得以制匈奴，此三事所系者极大。

文帝初年，吴、楚、淮南、齐国为大，济北王兴居与城阳王章以谋诛诸吕功封，大臣初许尽以赵地王章，梁地王兴居。及文帝立，闻朱虚、东牟之欲立齐王为帝，故绌其功。二人既失职，岁余章薨。文帝三年，匈奴入寇，汉多发兵，丞相灌婴将击之，文帝亲幸太原，兴居遂发兵反，上闻之，罢兵，使柴武击破，虏之，兴居自杀。文帝之不以梁赵畀兴居兄弟，诚以齐既大藩，益以梁赵，并力西向，不可复制耳。淮南使人结连闽越匈奴反汉，迁之于蜀，道死。吴有豫章铜山，盗铸钱，东煮海为盐，招致亡命。贾谊言：“今或亲弟谋为东帝，亲兄之子西向而击，今吴又见告矣。”亲弟谓淮南，亲兄之子谓济北也。文帝时诸侯之形势，俨然古之诸侯，故天子置关以备之，《新书·壹通篇》云：“所为建武关、函谷、临晋关者，大抵为备山东诸侯也。”文帝十二年除关无用传，景帝诏书称孝文“通关梁不异远方”，晁错对策亦以“除关去塞”为文帝善政之一。“众建诸侯而少其力”，为贾谊制诸侯之名言。文帝十五年分齐，十六年分淮南，已行之也。武帝时主父偃推恩之策，即师其意。然汉初政论家与史家之言，惟忧诸侯强大，初无必去封建之意，故众建诸侯而少其力最为良法美制。内外之患少纾，然后统一之局得以奠定，不致为秦之昙花一现也。

陆贾虽诋秦之尚刑法而废教化，以其时汉室初定，首在与民休息，其提倡教化尚不如息民之急，至文帝时，承孝惠高后休养之余，仓廪实而知礼节，衣食足而知荣辱，其势然也。秦以戎狄之俗，弃其武力，大败先王之法制，中国传统文化几于绝灭，贾谊至此已不能再默而不言也。《汉书·贾谊传》云："商君遗礼义，弃仁恩，并心于进取，行之二岁，秦俗日败。故秦人家富子壮则出分，家贫子壮则出赘。借父耰锄，虑有德色；母取箕帚，立而谇语。抱哺其子，与公并倨，妇姑不相悦，则反唇而相稽，其慈子嗜利，不同禽兽者无几耳。然并心而赴时，犹曰六国兼天下，功成求得矣。终不知反廉愧之节，仁义之厚，信并兼之法，遂进取之业，天下大败，众掩寡，智欺愚，勇威怯，壮陵衰，其乱至矣。是以大贤起之，威振海内，德从天下，曩之为秦者，今转而为汉也，然其遗风余俗，尚犹未改。"

继贾谊而起者，有董仲舒之对策。

> 《汉书·董仲舒传》云："今陛下贵为天子，富有四海，居得致之位，操可致之势，又有能致之资，行高而恩厚，知明而意美，爱民而好士，可谓谊主矣，然而天地未应而美祥莫致者，何也？凡以教化不立而万民不正也。夫万民之从利也，如水之走下，不以教化堤防之，不能止也。是故教化立而奸邪皆止者，其堤防完也；教化废而奸邪并出刑罚不能胜者，其堤防坏也。古之王者明于此，是故南面而治天下，莫不以教化为大务，立太学以教于国，设庠序以化于邑，渐民以仁，摩民以义，节民以礼，故其刑罚甚轻而禁不犯者，教化行而习俗美也。圣人之滋乱世也，扫除其迹而悉去之，复修教化而崇起之，教化已明，习俗已成，子孙循之，行五六百岁尚未败也。"

法家恃法以为治，无用教化，而儒家以教化为先务，刑罚以济其穷，儒法之差异在此。汉儒言改制，一曰更化，其意在荡涤秦之敝俗而复仁义之化耳，服色徽号，其末节也。董生之进于贾生者，在其提出学校以为教化之原，开后世学校之制。又请尊崇孔氏，诸不在六艺之科，孔子之术者，皆绝其道勿使并进。盖学校为教化之原，而六艺又为学校之所习，六艺教于庠序，则更统不绝，百家之说不得进于朝，则可道一风同。武帝之政统与仲舒之学统相接，遂奠定吾国政统与学统之基础。其余若贾、晁之重农贱商，以抑制战国以来方兴未艾之商人资本，董仲舒之限民名田，以节制由商人转而为地主之地权，公孙弘之当郭解大逆无道，以惩创游侠，董仲舒之建立选举，为才智之士开正当之进身途径，则不仅安定当时之社会，且为后世之典型焉。

三　大一统政治下之新儒学

周末以来，政治学术皆有由分而合之趋势，政治上产生汉武帝，学术上产生董仲舒。董仲舒之学术，实与武帝之政统相应，武帝完成大一统之政统，仲舒之学亦兼括众家之长，又于伦理道德加以说明，造成“天不变，道亦不变”之学统，在思想上影响之大，与武帝之在政治上相等。

仲舒之学，为染于阴阳之儒家，夫人而知之也，不知其于道、墨、法诸家，皆有所取。其取道家思想者，《繁露·离合根篇》云：“天高其位而下其施，藏其形而见其光，高其位所以为尊也，下其施所以为仁也，藏其形所以为神，见其光所以为明，故位尊而施仁，藏神而见光者，天之行也。故为人主者法天之行，是故内深藏所以为神，外博观所以为明也，任群贤所以为受成，乃不自劳于事所以为尊也，泛爱群生不以喜怒赏罚，所以为仁也。故为人主者，以无为为道，以不私为宝，立无为之位，而乘备具之官。”南面之术，道家之所长，其流为申韩之术，荀子之斥主道利周，以人主为天下仪表，不贵乎幽暗以绝人臣之尝试，董生之言此，有取于道也。

其取于墨家者，言天志言灾异皆是也。《繁露・楚庄王篇》云：“受命之君，天之所大显也。事父者承意，事君者仪志，事天亦然。今天大显已，物袭所代而率与同，则不显不明非天志，故必徙居处，更称号，改正朔，易服色者，无他焉，不敢不顺天志而明自显也。”天志为墨家学理之根据，而仲舒称之，此非偶然援用也。仲舒之政治思想，亦以天志为本。《墨子》之《非儒》曰：“儒者以天为不明，以鬼为不神。”知仲舒之言天志有取于墨家也。

仲舒既建天权，必言灾异以见天意。《汉书・董仲舒传》云：“国家将有失道之败，而天乃先出灾害以谴告之，不知自省，又出怪异以警惧之。”灾异之学说，始见于《墨子・明鬼篇》，《春秋》虽书灾异，而儒者灾异学说则出于《墨子》，以墨子尊天明鬼，灾异之学说必以天道鬼神为依据也。

其取于法家者，《繁露・保位权篇》云：“民无所好，君无以权也，民无所恶，君无以畏也。无以权无以畏，则君无以禁制也，无以禁制，则比肩齐势而无以为贵矣。故圣人之治国也，因人之性情孔窍之所利，以立尊卑之制，以等贵贱之差。”其言本于法家。法家恃法以为治，法之所施，赏罚是赖，故赏之不加劝，罚之不加惧，则法将失其用。儒家用刑，不得已而用之，曰有耻且格，何止于有所畏而已乎，此仲舒之取于法家也。

由此可知仲舒之学虽以儒为本，实有取于各家以成其为汉代之新儒家。仲舒于阴阳五行之说取之最多，皆取以证明儒术而已，于道法两家，则取其权术以行其仁义，其根本精神仍在儒家。仲舒欲建立一宗教、政治、学术合一之学说，故有取于墨家之天志说。墨子言天志，故言兼爱，董子于其兼爱说，虽亦有所取，但用之于政治，而不用于私人。斯固其采择之精耶？

仲舒之学影响最大者，乃其对于礼教之重新说明，欲说明其必要，当明其前之学说。自孟子言仁义非外铄，礼法皆由义起，儒家后学从而阐之，礼意大明。然其根据在于内心，天与人之关系如何，在所罕言。后之儒者见人与自然之息息相关，人之性与天地之性不能不相似，故有儒家之宇宙论。《易》曰："乾为天，天行健，君子以自强不息；坤为地，地势坤，君子以厚德载物；成象之谓乾，效法之谓坤。"《小戴·乐记》曰："著而不息者天也，著而不动者地也。"《大戴·曾子天圆篇》云："单居离问于曾子曰：'天圆而地方者诚有之乎？'曾子曰：'离，而问之云乎？'单居离曰：'弟子不察，此以敢问也。'曾子曰：'天之所生上首，地之所生下首，上首之谓圆，下首之谓方。如诚天圆而地方，则是四角之不掩也。且来，吾语汝，参尝闻诸夫子曰：天道曰圆，地道曰方，方曰幽，而圆曰明。'"皆非指实物言，乃言其理，非以表质，乃以表德，非从自然本身说明自然，而以人事之德性诠表自然。此期学术思想可称之曰天人相应说。晚周法天之学说有二家，道家法自然之天，墨家则以天志为本，仲舒之学以儒为宗而兼采各家之说，承继战国末年之天人相应说，而以自然之德性为人事之规律，人为之礼义法度，遂成为天经地义。盖吾国传统之文化经秦灭学以来，汉初诸儒虽竭力提倡之恢复之，而未有具体之说明，武帝之时既尊六艺以明史统，开学校以广教化，于弊世相传之礼法度数，自宜重新加以说明。

仲舒既以天道为人事之规律，当先说明人与天之关系。《繁露·人副天数篇》云："人有三百六十节，偶天之数也，形体骨肉，偶地之厚也，上有耳目聪明，日月之象也，体有空窍理脉，川谷之象也，心有哀乐喜怒，神气之类也。"

人之形体既象天地，则天人必交感。

《繁露·同类相动篇》云："天将阴雨，人之病故为之先动，是阴相应而起也。天将欲阴雨，又使人欲睡卧者，阴气也，有忧亦使人卧者，是阴相求也，有喜使人不欲卧者，是阳相索也。水得夜益长数分，东风而酒湛溢，病者至夜而疾益甚，鸡自几明而相薄，其气益精，故阳益阳而阴益阴，阴阳之气因可以类相损益也。天有阴阳，人亦有阴阳，天地之阴气起而人阴气应之而起，人之阴气起，则天之阴气亦宜应而起，其道一也。"

人之形体既象天地，故其性情亦象天地。

《繁露·为人者天篇》云："为生不能为人，为人者天也，人之人本于天，天亦人之曾祖父也，此人之所以上类天也。人之形体化天数而成，人之血气化天志而仁，人之德行化天理而义，人之好恶化天之暖清，人之喜怒化天之寒暑，人之受命化天之四时。"

人之形体性情既已安立，再进而说明人伦关系。

《繁露·阳尊阴卑篇》云："三王之正，随阳而更起，以此见天之贵阳而贱阴也。故数日者据昼而不据夜，数岁者据阳而不据阴，不得达之义。是故《春秋》之于昏礼也，达宋公而不达纪侯之母。纪侯之母宜称而不达，宋公不宜称而达，达阳而不达阴，以天道制之也。丈夫虽贱皆为阳，妇人虽贵皆为阴。"

《繁露·五行之义篇》云："是故木受水而火受木，土受

> 火，金受土，水受金也。诸授之者皆其父也，受之者皆其子也，常因其父以使其子，天之道也。是故木已生而火养之，火乐土而养以阳，水克金而丧其阴，土之事天竭其忠，故五行者乃忠臣孝子之行也。五行之为言也，犹五行与？是故以得辞也。圣人知之，故多其爱而少其严，厚养生而谨送终，就天之制也。以子而迎成养，如火之乐木也，丧父如水之克金也，事君如土之敬天也，可谓有行人也。”

君臣、父子、夫妇之关系皆本于阴阳五行，人既为天所生，自当法天之行也。人伦既正，再言政治。首言君德。

> 《繁露·王道通三篇》云：“天常以爱利为意，以长养为事，春秋冬夏皆其用也。王者亦常以爱利天下为意，以安乐一世为事，好恶喜怒皆其用也。”

次言刑德。

> 《繁露·阳尊阴卑篇》云：“阳天之德，阴天之刑也，阳气暖而阴气寒，阳气予而阴气夺，阳气仁而阴气戾，阳气爱而阴气恶，阳气生而阴气杀，是故阳常居实位而行于盛，阴常居空虚而行于末，天之好仁而近，恶戾之变而远，大德而小刑之意也。”

下至设官爵服色，莫不有天道为之根据，借阴阳五行之说以阐明儒术，由自然以说明人事，遂产生“天不变，道亦不变”之理论，支配中国思想最久。其长处在使人心安定，其短处可以发生礼法之森束一成而不改，在董生学说中原是两面，然强有力者常取其利己者而利用之，此事之所无奈何，宜非董生之愿也。

四　诸子学之结束

董生之学既开启汉代学术，且支配后世之思想，而结束先秦以来思想者，则有淮南。二家之学有共同之处，则融汇众家是也，此亦所以表示汉代精神。淮南之学融贯古代学术，集诸子之大成，然其问题皆自古人文字中来，非能于当前事实中发现问题，故其影响不大。其论政治，尤与时代不合，以淮南本身为诸侯也。

> 《淮南·泰族篇》云："治大者道不可以小，地广者制不可以狭。"

此谓不当废封建行郡县也。

> 《淮南·缪称篇》云："水浊者鱼噞，令苛者民乱，城峭者必崩，岸崝者必陀，故商鞅立法而支解，吴起刻削而车裂。"

吴起、商鞅皆不利于公族，《淮南》之意，何所指乎？《吕览》《淮南》皆以道家为主，而统摄诸家，《淮南》袭《庄子》之言尤众，非托为旷达以自广乎。《淮南》既兼众家之学，而以庄生为主，庄子著书，正言若反，破斥习气，盖欲以显性情，然为之太过，邻于怀疑论者，其为书也，以救礼法之流失，非欲并礼法而去之，然在庄子学说中不能安立礼法，明于天而不知人，见于真而昧于俗，是以言《庄子》者每入于游谈。《齐物论》者，庄生破斥百家、刊落名相之书也，充庄生之说，非自陷于怀疑而不能自立不止。《淮南·齐俗篇》袭《庄子》而为之，而无其弊。《庄子》非不曰有真知，然曰"有真人然后有真知"。真人真知千百世而遇，即等于无知识无是非，《淮南》则不然。

> 《淮南·齐俗篇》云："原人之性芜秽而不得清明者，物或

> 㖾之也，羌氏棘翟，婴儿生皆同声，及其长也，虽重象狄騠不能通其言，教俗殊也。今三月婴儿，生而徙国，则不能知其故俗。由此观之，衣服礼俗者，非人之性也，所受于外也。夫竹之性浮，残以为牒，束而投之水则沉，失其体也。金之性沉，托之于舟上则浮，势有所支也。夫素之质白，染之以涅则黑，缣之性黄，染之以丹则赤。人之性无邪，久湛于俗，易而忘本，合于若性。故日月欲明，浮云盖之，河水欲清，沙石濊之，人性欲平，嗜欲害之，惟圣人能遗物而反己。夫乘舟而惑者，不知东西，见斗极则寤矣。夫性亦人之斗极也，有以自见也，则不失物之情，无以自见，则动而惑营。”

凡《齐物论》所破者皆后来之习气，《淮南》所谓衣服礼俗之类也，非人性之固然而为受于外者。《淮南》明习性之分，达天人之故，使人知习不可固执，而又明性为人之斗极以判善恶是非，此其立说之善巧也。习者有古今方域之殊，性者人心之所同然，由习言之则是非无定，所谓“此一是非，彼一是非”也，由性言之则有一定之是非，所谓“一是一非”也。

> 《淮南·齐俗篇》云：“故求是非者非求道理也，求合于己者也，去非者非批邪施也，去忤于心者也，忤于我者未必不合于人也，合于我者未必不非于俗也。至是之是无非，至非之非无是，此真是非也。若夫是于此而非于彼，非于此而是于彼，此之谓一是一非也。此一是一非，隅曲也。夫一是非，宇宙也。”

庄生《齐物》所谓“彼一是非，此一是非”，即《淮南》所谓“隅曲”也。《淮南》既明性之自觉，然后乃能谈用。《庄子》为超世，《淮南》则由超世而入世，其用道家因应之理，以安立儒家之礼义法度者耶？

《淮南·泰族篇》云："圣人之治天下，非易民性也，附循其所有而涤荡之，故因则大，化则细矣。民有好色之性，故有大婚之礼；有饮食之性，故有大飨之谊；有喜乐之性，故有衰绖哭踊之节。故先王之制法也，因民之所好而为之节文者也。因其好色而制婚姻之礼，故男女有别；因其喜音而正雅颂之声，故风俗不流；因其宁家室，乐妻子，教之以顺，故父子有亲；因其喜朋友而教之以悌，故长幼有序。然后修朝聘以明贵贱，飨饮习射以明长幼，时搜振旅以习用兵也，人学庠序以修人伦，此皆人之所有于性而圣人所匠成也。故无其性不可教训，有其性无其养不能遵道。茧之性为丝，卵之化为雏，非慈雌呕煖覆伏，累日积久，则不能为雏。人之性有仁义之资，非圣人之法度而教导之，则不能使向方。故先王之教也，因其所喜以劝善，因其所恶以禁奸，故刑罚不用而威行如流，政令约省而化耀如神，故因其性则天下听从，拂其性则法县而不用。"

此淮南之以道合儒也。道家言古之帝王皆无为而治，墨家言古之帝王皆以身劳天下，淮南则并通之。

《淮南·修务篇》云："盖闻传书曰，神农憔悴，尧瘦臞，舜霉黑，禹胼胝，由此观之，则圣人之忧劳百姓甚矣。故自天子以下至于庶人，四胑不动，思虑不用，事治求赡者，未之闻也。夫地势水东流，人必事焉，然后水潦得谷行，禾稼春生，人必加功焉，故五谷得遂长。听其自流，待其自生，则鲧禹之功不立，而后稷之制不用。若吾所谓无为者，私志不得入于公道，嗜欲不得枉正术。循理而举事，因资以立权，自然之势而曲故不得容者，事成而身弗伐，功立而名弗有，非谓感而不应，攻而不动者。若夫以火熯井，以淮灌山，此用己而背自然，故谓之有为。若夫水之用舟，沙之用鸠，泥之用輴，山之用蔂，夏渎而冬陂，因高以为田，因下以为地，此非吾所谓为之。”

知此然后道家无为而无不为之义乃显，墨家之勤劳亦无背于道家之无为，此以道合墨也。道家言自然，而阴阳家语天变，必有以通之，而后天人相感之理可立也。

《淮南·泰族篇》云：“故人主有伐国之志，邑犬群嗥，雄鸡夜鸣，库兵动而戎马惊，今日解怨偃兵，家老甘卧，巷无聚人，妖菑不生，非法之应也，精气之动也。”

以精气感通明天人相与之故，则道家与阴阳家言并通，此以道合阴阳也。道家谓“法令滋彰，盗贼多有”。而法家言法治，不可以无说也。

《淮南·主术篇》云：“是故明主而耳目不劳，精神不竭，物至而观其象，事来而应其化，近者不乱，远者治也。是故不用适然之数，而行必然之道，故万举而无遗策矣。今夫御者马体调于车，御心和于马，则历险致远，进退周游，莫不如志，虽有骐骥騄駬之良，臧获御之，则马反自恣，而人弗能制矣。故治者不贵其自是，而贵其不得为非也。故曰，勿使可欲，毋曰弗求；勿使可夺，毋曰不争。如此则人材释而公道行矣。”

此以道合法也。其言人材释而公道行，非不用贤也，用人而不贤，非法也。《泰族篇》云：“故国之所以存者，非以有法也，以有贤人也。”又云：“无法不可以为治也，不知礼义不可以行法。”明此则儒墨之尚贤，与道法之不尚贤，皆可通也。

《淮南》不仅能融各家为一，且于各家皆有修正引申，今举其修正道家者为例。庄子既主无是非，故视伯夷与盗跖同为残生伤性，故贵生而轻天下，形不可长存，于是委心任运，随造物之自然，故庄学末流必致于无守。《淮南》既明贵生之义，又知人性中自有义理之自觉，生义不并立之时，不能不舍生以就义，《吕览·贵生篇》所谓“迫生不若死”之义是也。

> 《淮南·泰族篇》云：“使人左据天下之图而右刎喉，愚者不为也，本《杨子》。身贵于天下也。死君亲之难，视死如归，义重于身也。天下大利也，比之身则小，身之重也，比之义则轻。”

既不害义，而与重生之旨亦相合，所贵乎人者，非贵其形也，贵使其形者也。故《缪称篇》云：“生所假也，死所归也，故弘演直仁而立死，王子闾张掖而受刃，不以所托害所归也，故世治则以义卫身，世乱则以身卫义，死之日，行之终也。”由道家贵神之义，亦可使与儒家以身殉义之旨相合，此一事也。道家言“不敢为天下先”，“人皆取先，我独取后”，其言有对而发，非贵后也。惑者不察，则堕于一边，淮南乃取儒家“时中”之义以救正之。

> 《淮南·原道篇》云：“所谓后者，非谓底滞而不发，凝结而不流，谓其周于数而合于时也。夫轨道理以耦变，先亦制后，后亦制先，是何则，不失其所以治人，人不能制也。时之反侧，间不容息，先之则太过，后之则不逮，夫日回而月周，时不与人游，故圣人不贵尺之壁而重寸之阴，时难得而易失也。禹之趋时也，履遗而弗取，冠挂而弗顾，非争其先也，而争得其时也。”

此二事也。庄子让王而尊生，不屑以天下为事，所以矫世，非达道也。而《淮南》以儒家“万物皆备于我”之义救之。

《淮南·原道篇》云："夫许由小天下而不以己易尧者，志遗于天下也，天下之要不在于彼而在于我，不在于人而在于身，身得则万物备矣。澈于心术之论，则嗜欲好憎外矣，是故无所喜而无所怒，无所乐而无所苦，万物玄同也。无非无是，化育玄耀，生而如死，夫天下者亦吾有也，吾亦天下之有也，天下之与我岂有间哉？夫有天下者，岂必摄权持势，操杀生之炳，而以行其号令耶？吾所谓有天下者，非谓此也，自得而已，自得则天下亦得我矣，吾与天下相得，则常相有己，又焉有不得容其间者乎。"

身与天下既不相离，则无以舍天下为也，亦无以用天下为也。用与舍，时也，命也，在外也，非在内也。如此则庄子之言始不堕于一边，此三事也。如上所言，已可见《淮南》学术之大概，可谓集诸子学之大成也。

五　今文学之微言

自陆贾昌言诋秦之政治，贾、董继之，以恢复三代之礼乐教化为事，汉多采用之，两汉历史即儒家思想之推行史也。《盐铁论》所记为昭帝时议论，其中文学之言，皆儒家之政治思想，可见儒家思想流播之速而入人之深也。然皆与家天下及专制政体不相抵触者，若其言禅让言明堂，则不见容于汉世，而师师口耳相传，《汉志》所谓微言者，固非汉之帝王所乐闻也。

《汉书·田蚡传》云："婴、蚡俱好儒术，推毂赵绾为御史大夫，王臧为郎中令，迎鲁申公，欲设明堂，令列侯就国，除关，以礼为服制，以兴太平，举谪诸窦宗室无行者，除其属

> 籍、诸外家为列侯，列侯多尚公主，皆不欲就国，以故毁日至窦太后。太后好黄老言，而婴、蚡、赵绾等务推儒术贬道家言，是以窦太后滋不悦。二年御史大夫赵绾请毋奏事东宫，窦太后大怒曰：'此复欲为新垣平耶？'乃罢逐赵绾、王臧，而免丞相婴、太尉蚡。"

本师蒙文通先生尝论明堂之制曰："绾、臧以明堂诛，献王以明堂废，则明堂固别有说乎？夫明堂者，天子布政之宫也，管子曰：'黄帝立明堂之议者，上观于贤也；尧有衢室之问者，下听于人也；汤有总街之庭，以观人谤也。'夫明堂太学同处，郑人游乡校以论执政，明堂而观于贤、听于人以观人诽，则以听于太学之士，而士恣于议政也。学在四郊，故《尚书大传》言东堂距邦八里，南堂距邦七里，西堂距邦九里，北堂距邦六里，所谓东学、南学、西学、北学即明堂处也，兆五帝于四郊，亦明堂处也，规模壮阔，岂区区九室五堂而已乎？孟子曰'民为贵'，无明堂，则民贵徒为虚说。《公羊》宣十五年《解诂》曰：'八岁者入小学，十五岁者入大学，其有秀者移于乡学，乡学之秀者移于庠，庠之秀移于国学。学于小学，诸侯岁贡小学之秀于天子，学于太学，其有秀者命曰进士，行同而能偶，别之以射，然后爵之，士以才穷进取，君以考功授官。'然则大学者正诸侯贡士之秀者于天子，布政于是，谳囚于是，师出而谳俘亦于是，养三老五更于是，而天子袒而割牲，父事三老以为孝，兄事五更以为弟，上观下听于是，则民为贵之实备矣。"蒙师从经说中探索明堂隐义，明其为议政之所，知赵绾、王臧推明儒术先建明堂，良有以已。自赵绾、王臧自杀，后之言明堂者遂不知斯义，徒为经生聚讼之资耳。西汉儒家上承周末儒家民本之义言议政，承选贤之义言禅让。天下为公之理想，遂为儒生所乐道。刘向云："王者必通三统。明天命所受者博，非独一姓也。"谷永云：

“臣闻天生蒸民不能相治，为立王者以统理之，方制海内，非为天子，列土封疆，非为诸侯，皆以为民也。垂三统，列三正，去无道，开有德，不私一姓，明天下乃天下之天下，非一人之天下。”此汉儒不以天下为一家私有之议论，既不私一家，自有德者居之，传贤乃当然耳。

> 《汉书·眭弘传》云：“孟推《春秋》之意，以为石柳皆阴类，下民之象，泰山者岱宗之岳，王者易姓告代之处。今大石自立，僵柳复起，非人力所为，此当有从匹夫为天子者。枯社木复生，故废之家公孙氏当复兴者也。孟意亦不知其所在，即说曰：‘先师董仲舒有言，虽有继体守文之君，不害圣人之受命，汉家尧后，有传国之运。汉帝宜谁差天下，求索贤人，禧以帝位，而退自封百里，如殷周二王后，以承顺天命。’孟使友人内官长赐上此书，时昭帝幼，大将军霍光秉政，恶之，下其书廷尉，奏赐孟妄设妖言惑众，大逆不道，皆伏诛。”
>
> 《汉书·盖宽饶传》云：“‘方今圣道浸废，儒术不行，以刑余为周、召，以法律为《诗》《书》。’又引《韩氏易传》言：‘五帝官天下，三王家天下，家以传子，官以传贤，若四时之运，成功者去，不得其人，则不居其位。’书奏，上以宽饶怨谤，终不改，下其书中二千石，时执金吾议，以为宽饶旨意欲求禅，大逆不道。”

眭弘、盖宽饶所言，皆当时儒者之政治理想，至于杀身而不悔，诚可谓不负所学。自此以下，不敢再言禅让，故有汉运当终再受命之说，哀帝及改元太初，号曰陈圣刘太平皇帝，冀以应之。王莽之得以篡汉，即缘于此种思想。

而禅让之所托则为封禅。蒙先生之言曰：“夫封禅者，为易姓受命之事，所以告成功者也。董仲舒言：‘天无常予，无常夺，故封于泰山之上，禅于梁父之下，易姓而王，德如尧舜者七十二人，王者天之所予也，其所代者天之所夺也。’以明德如尧舜，言封禅之义也。《白虎通》言：‘王者易姓而起，必升封泰山何？报告之义也，始受命之时，改制应天，天下太平，功成封禅。’《礼器》疏引《白虎通》曰：‘绎绎无穷之意，禅于有德者而居之无穷已。’又云：‘《白虎通》云，禅以让有德，非也。’此所引与今本略不同，盖封以言始，禅以言终，故曰禅者明以已成功相传也。又曰：‘三皇禅于绎绎之山，明已已成功而去，有德者居之，绎绎者无穷之意也。’传本文多损缺，于始终之意不具，又脱‘禅以让有德’。若《风俗通义》云：‘三皇禅于绎绎，明己功成而去，有德者居之。绎绎者，无所指斥也。五帝禅于亭亭，亭亭名山，其身予圣人。三王禅梁父者，信父者子，言父子相信与也。’则禅让之说若揭，此仲舒所谓‘德如尧舜’者也。则封言受命，禅言去让，始终之义著也。”蒙先生近又为《儒家政治思想之发展》一文，凡革命、井田、辟雍、巡狩诸义，皆阐发无遗，此皆今文学非常异义可怪之论，以其时不敢显言，故辞多枝叶，实儒家精义所在，而不能见诸行事者也。

六　改制与复古

太史公曰：“陈涉之王也，而鲁诸儒持孔子之礼器往归陈王，于是孔甲为陈涉博士，卒与涉俱死。陈涉起匹夫，驱瓦合适戍，旬月以王楚，不满半岁竟灭亡，其事至微浅，然而缙绅先生之徒负孔子礼器往委质为臣者，何也？以秦焚其业，积怨而发愤于陈王也。”《盐铁论·毁学篇》亦以此讥侮儒者，而孔甲之徒不顾非毁而为之，盖以复兴古代文化为志，虽召谤不恤也。陈涉既无成，高祖又侮慢儒生，叔孙通委曲随从，卒定汉仪，然因袭秦旧，未能上接三代之统。

> 《汉书·高祖本纪》云：“天下既定，命萧何次律令，韩信申军法，张苍定章程。叔孙通制礼仪，陆贾造《新语》。”

此汉高一代之大著作也，萧何为秦吏，张苍为秦御史，叔孙通为秦博士。《刑法志》谓：“萧何攈秦法，取其宜于时者，作律九章。”《叔孙通传》谓：“采古礼与秦仪杂就之。”《张苍传》云：“是时萧何为相国，而苍乃自秦时为柱下御史，明习天下图书计籍，又善算律历，故令苍以列侯居相府，领主郡国上计者。”苍之为章程，当在一时，殆亦沿袭秦制。汉初军制，未闻变秦，韩信之于军法，亦但申明而已。是则汉初制度皆袭秦人，儒生于此千载一时之机会无所表现。汉初君臣俱起民间，知人民欲得休息，故高祖、惠帝、吕后之世君臣俱以无为为宝。孝文即位，贾谊乃图改制。

> 《汉书·贾谊传》云：“以为汉兴二十余年，天下和洽，宜当改正朔，易服色，定官名，兴礼乐，乃草具其仪法，色尚黄，数用五，为官名悉更奏之，文帝谦让未皇也。”

所草仪法虽是礼文，其所重乃在教化习俗，观其《陈政事疏》可知，然时未可为也。汉初大臣之性格风度，皆偏于保守，《曹参传》云：“盖公为言治道贵清静而民自定，参代何为相国，举世无所变更，壹遵何之约束。择郡国吏长大，讷于文辞，谨厚长者，即召除为丞相史。吏言文刻深，欲务声名，辄斥去之。日夜饮酒，卿大夫以下吏及宾客见参不事事，来者皆欲有所言，至者参辄饮以醇酒，度之欲有言，复饮酒，醉然后去，终莫得开说。”《张释之传》云：“释之对文帝曰：‘夫绛侯、东阳侯称为长者，此两人言事曾不能出口，岂效此啬夫喋喋利口捷给哉。’”《萧何传》谓：“何以文无害。”

《王陵传》谓："陵为人少文任气，好直言。"《周勃传》谓："勃为人木强敦厚，高帝以为可属大事。"《周昌传》谓："昌为人强力敢直言。"《石奋传》谓："奋无文学，恭谨举无与比，万石君家以孝谨闻乎郡国。"《卫绾传》谓："绾醇谨无他。"《直不疑传》谓："不疑不好立名，称为长者。"《张敺传》谓："敺为人长者。"汉初大臣之言论风度如此，其安于保守不欲更张固宜。孝武初立，崇尚儒术，赵绾、王臧建立明堂，虽见厄于窦太后，而董仲舒对策推明孔氏，开学校，兴选举，自汉初至武帝，儒家政治思想已逐渐为汉廷所采用，《礼乐志》谓武帝"征讨四夷，锐志武功，不暇留意礼文之事"，盖以武帝太初之改制无当于复古之思想耳。汉初诸儒但欲改制而不必复古，班孟坚承受元、成以后复古派之思想，于汉廷历朝改革之采用儒家理论者，皆不甚措意也。

汉初又不仅儒者欲以其术变秦之治，一切杂流皆望以其术取富贵，武帝在汉为中天之盛，各种怪诞不经之思想，同时并出，《郊祀志》所言者是也。

《汉书·郊祀志》云："武帝即位，尤敬鬼神之祀，汉兴已六十余岁矣，天下乂安，缙绅之属皆望天子封禅改正度也。"

《史记·自叙》云："太史公执迁手而泣曰：'今天子接千岁之统，封泰山而余不得从，是命也夫！'"

由此二事，可见汉兴以来儒者与一切杂流对于新王制作之热烈希望。汉景帝以前安静之风气盛，故贾谊见抑而死，武帝时代为改作风气发扬之时，诸杂流虽与儒者同时并起，末流亦相混杂，然《史记》于《礼》《乐》二书之外作《封禅书》，《汉书》于《礼乐志》之外作《郊祀志》，明其区以别矣。公孙臣以阴阳而牵附儒者，新垣平以方士而牵附儒者，近人喜言儒者附会阴阳，不知阴阳亦附会儒术也。

> 《汉书·郊祀志》云："鲁人公孙臣上书曰：'始秦得水德，及汉受之，推《终始传》，则汉当土德，土德之应，黄龙见，宜改正朔，服色上黄。'……明年黄龙见成纪，文帝召公孙臣拜为博士，与诸生申明土德，草改历服色事。……赵人新垣平以望气见上，言长安东北有神气，成五采，若人冠冕焉。或曰，东北神明之舍，西方神明之墓也，天瑞下，宜立祠上帝以合符应，于是作渭阳五帝庙，同宇，帝一殿，面五门，各如其帝色，祠所用及仪，亦如雍五畤。明年夏四月，文帝亲拜霸渭之会，以郊见渭阳五帝，五帝庙临渭，其北穿蒲池沟水，权火举而祠，若光辉然属天焉。于是贵平至上大夫，赐累千金，而使博士诸生刺六经中作《王制》，谋议巡狩封禅事。"

董仲舒借阴阳五行说以安立礼教，诸儒言灾异皆杂于阴阳五行，与公孙臣、新垣平以阴阳方士比附儒学同一杂乱，然阴阳方士自阴阳方士，儒者自儒者，未始同也。

武帝崇儒以后，儒学之势力渐大，桓宽《盐铁论》可以代表此时代之政治思想，举其要者，一曰不与民争利，二曰崇本抑末，三曰藏富于民，四曰制地均民，五曰尚德缓刑，六曰重礼轻利，七曰以礼防淫，八曰偃武修文。就其原则而论，实可以代表中国人之政治思想。然不明时势，泥古不化，所以不免见讥于文吏。

> 《盐铁论·忧边篇》："大夫曰：'圣主思念中国之未宁，北边之未安，故使廷尉评等问人间所疾苦，拯恤贫贱，周赡不足，君臣所宣明王之德安宇内者，未得其纪，故问诸生。诸生议不干天则入渊，乃欲以闾里之治而况国家之大事，亦不几矣。发于畎亩，出于穷巷，不知冰水之寒，若醉而新寤，殊不

> 足与言也。'"
>
> 《相刺篇》:"大夫曰:'今文学言治则称尧舜。道行则称孔墨,授之政则不达,怀古道而不能行,言直而行之枉。道是而情非,衣冠有以殊于乡曲,而实无以异于凡人。'"又曰:"歌者不期于利声而贵在中节,论者不期于丽辞而务在事实。善声而不知转,未可谓能歌也;善言而不知变,未可谓能说也。持规而非矩,执准而非绳,通一孔晓一理而不知权衡。"

以贤良文学之言致大夫之讥,诚不为过,盖大儒不作,迂儒鄙生徒知诵数前闻而已,故元、成以降,儒者喜言灾异与恢复古制。灾异之说见于政治,文帝时已开其端,文帝后元年求言诏言:"间者数年比不登,又有水旱疾疫之灾,朕甚忧之,愚而不明,未达其咎。意者朕之政有所失而行有过与?乃天道有不顺,地利或不得,人事多失和,鬼神废不享与,何以致此?"武帝策贤良,亦言"灾异之变何缘而起"。自宣帝时魏相为丞相,数表采《易》阴阳及《明堂》《月令》奏之,丙吉为丞相而问牛喘,谓"三公典调和阴阳",以宰臣而言阴阳灾异,自此始也。

> 《汉书·眭两夏侯京翼李传》赞云:"汉兴,推阴阳言灾异者,孝武时有董仲舒、夏侯始昌,昭、宣则眭孟、夏侯胜,元、成则京房、翼奉、刘向、谷永,哀、平则李寻、田终术,此其纳说时君者也。"

灾异学说之盛兴与政治上之留心灾异,互为因果。元帝初元三年诏丞相御史举天下明阴阳灾异者各三人,于是言事者众,或进擢召见。《匡衡传》亦言"元帝好儒术文辞,颇改宣帝之政,言事者多进见,人人自以为得上意"。上有好者,下必有甚焉,阴阳灾异之说,在元、成、哀、平为一大事,累见于诏书及臣下奏议。日食策免三公，灾害罢绌郡守，赵翼于《廿二史札记》曾论之也。复古思想之兴，固由学者无创见，亦可以表示儒家势力之大。儒者服古，竟可革时制之背于古制者而以古制代之，其力量之大可知也。

《汉书·礼乐志》云："至宣帝时琅邪王吉为谏大夫，又上疏言：'欲治之主不世出，公卿幸得遭遇其时，未有建万世之长策，举明主于三代之隆者也，其务在于簿书断狱听讼而已，此非太平之基也。今俗吏所以牧民者，非有礼义科旨可世世通行者也，以意穿凿，各取一切，是以诈伪萌生，刑罚无极，质朴日消，恩爱浸薄。孔子曰，安上治民，莫善于礼，非空言也。愿与大臣延及儒生述旧礼，明王制，驱一世之民，跻之仁寿之域，则俗何以不若成、康，寿何以不若高宗。'上不纳其言，吉以病去。"

《汉书·贡禹传》云："元帝初即位，征禹为谏大夫，数虚己问以政事。是时年岁不登，郡国多困，禹奏言：'古者宫室有制，宫女不过九人，秣马不过八匹，墙涂不雕，木摩而不刻，车舆器物皆不文画，苑囿不过数十里，与民共之。任贤使能，什一而税，他无赋敛繇戍之役，使民岁不过三日，千里之内自给，千里之外各置职贡而已，故天下家给人足，颂声并作。至高祖、孝文、孝景皇帝，循古节俭，宫女不过十余，厩马百余匹，孝文皇帝，衣绨履革，器无雕文金银之饰。后世争为奢侈，转转益甚，臣下亦相放效，衣服履绔刀剑乱于主上，主上时临朝入庙，众人不能别异，甚非其宜。'"

钱宾四先生《刘向歆父子年谱》云："盖王吉、贡禹皆主兴复古礼以几太平，宣帝不能用吉，而元帝专尊信禹，遂开晚汉复古一派，其风实始于王、贡。"又曰："元、成以来，乃言礼制，追古昔，此为汉儒学风一大变。”钱先生于晚汉复古之事，一一分系于《刘向歆年谱》中，可以观其时之学风，兹不复言。惟王、贡虽开复古之风，贡禹所言多关于国计民生，又非虚文可比，故同为复古亦有当复与不当复之别也。

> 《汉书·韦贤传》赞云：“司徒掾班彪曰：‘汉承亡秦绝学之后，祖宗之制，因时施宜，自元、成后，学者蕃滋，贡禹毁宗庙，匡衡改郊兆，何武定三公，皆数复故，纷纷不定，何者？礼文缺微，古今异制，各为一家，未易可偏定也。’”

班彪之言，乃就考文为说。以实效而论，遍立宗庙于郡国，及一切淫祀自罢之为宜，至于改三公州牧之类，则儒者泥古之弊，不足道也。复古之风至于王莽，而集其大成焉。汉初诸大儒言改制，而不泥古，宣帝以前之政治，皆有实效，元、成以降，儒者言灾异、言复古，而朝廷之所留意者，皆是虚文，观于前后儒生之有无实见，于西汉一代实际之政治可知也。

汉学、宋学之异同

本文为应天津河北女子师范学院历史、国文两系讲稿，改订于北平

自其异者视之，则肝胆楚越。自其同者视之，则万物皆一。故物无不同，物无不异。庄生《齐物》之论曰："其次以为有封焉，而未始有是非也。"是非之彰也，道之所以亏也。然则必有同异而后有是非，欲平停是非，必先辨别同异。世故有不知其所以同、所以异，而是非樊然者。汉、宋之是非是也。

学问之事，曰作、曰述。汉学偏于述，而宋学勇于作。惟其偏重，是以异类。有经生，有儒者。何谓经？曰史学也。何谓儒？曰哲学也。十三经既为古史与古儒家言之总合，儒者又据古史为专有，经学与儒家，疑无别也。然汉人犹能明之，汉人本不以传名经，经传别行，经古史也，传则儒家言耳。其中亦或杂古史。《汉志》论诸子曰："合其要归，亦六经之支与流裔。"自今日观之，殊不可解。盖既合孔子与经为一，诸子多诋孔子，能谓诸子皆孔子之支与流裔耶？故知六经虽经孔子手订，述而不作，儒者与众流之学皆渊源于六经，而非儒者所得专也。因是可知经者史也，孔子述而不作。儒家之学异于是。七十子之学不必尽合于孔子，孟、荀之学又不必尽合于七十子，其道在推陈出新，因时为制。史学与哲学分途，各有其疆界，不可乱矣。诸子争鸣，杂家裁简众流以成其家。故汉世诸子之学，已无其各引一端、往而不返之精神。而儒者之所

以力诋秦法，思以建立汉制者，亦依附经文，未能明白言之。又其辞尝有枝叶，非若战国诸子之明揭其宗旨也。乃此暗流，复不得长，至西汉之末而斩耳。章句注释为史学之附庸，西汉自董仲舒以下为哲学，毛公以下为史学，东汉若郑玄之注经为史学。何休注《公羊》虽亦为史学，何休依胡毋生条例，其非常异义、可怪之论，则发自董生。而汉世儒家之哲学亦赖以传焉。一作一述，各有攸宜。如以史学为衡，何休所传之公羊家哲学，率离于本经，而郑玄之注经为登堂入室也。若自哲学观之，则郑玄之论又劣于公羊诸师也。宋学虽偏于创作，充其所至，不出于义理。若夫实物实事之不可以思理变更者，宋人亦未尝反古焉。汉宋之分，果如世所云云哉。

凡学问之小同小异，无时不有。若大同大异，则其所持以为学者，不可不察也。宋人说经之大异于汉者，厥惟《诗》与《春秋》。汉人言《诗》，无论尊《齐》、尊《鲁》、尊《韩》、尊《毛》，必有所从，未尝尽废而凭己说也。说《春秋》无论尊《公羊》、尊《穀梁》、尊《左氏》，亦必有所守。未尝三传束阁，独抱遗经也。惟其废传、废《序》，故大异于汉人。其余小有出入，不足言也。其端则开自唐人，故唐人之作正义，为结束以前注释之糟粕。韩愈、李翱，则启宋人新儒学；啖助、赵匡，则启宋人新经学。此中消息，一索即得，而宋人之所以废三传、废《诗序》而勇于自信者，则由其有创作与求心安之精神，得失利弊，胥在此耳。

汉、宋学之精神所以不同者，厥亦有故。民性有动有静，动则创作，静则保守，二者循环，终而复始。创作与保守无有高下，而其中则自具优劣。春秋战国之民性动，在政治则趋于分裂，在学术则趋于创作。秦汉则入于静，在政治则有秦之统一六国，在学术则有杂家之冶铸众学，静故趋于保守。魏晋以来，静而复动，在政治则日趋于混乱，在学术则诸子之学皆有复起之势。然而北虏僭据中原，佛学遍于南北，保守之不暇，何有于创作？此受外力之摧残，而不得其正者也。隋唐之有天下，其制度虽承北魏、北周，而人民则中国多于夷狄，故民性为静，在政治则统一，在学术则保守。唐自天宝以后，静而复动，在政治则渐成藩镇割据之局，在学术则有杜诗、韩文之鼓吹，儒家而为宋人新儒学之先河。可知杜、韩之见尊于宋人，非偶然也。韩愈欲引比丘为儒，宋儒则出入于佛，反而求之六经，以建立新儒学。故宋学之成，乃由其时民性之由静而动，与佛学之陵逼以促成之。其表现于政治者，不在群雄之分据，而在士大夫之党争。其所以然者，西夏、辽、金，强暴相乘，受外来之影响，遂不得不变耳。然学术亦与有力焉，唐世藩镇之祸既烈、夷狄之祸方兴，尊王、攘夷为《春秋》二大义，故学者喜言《春秋》以寄其旨意。以逮于宋，夷狄之祸益深，故治《春秋》者尤众。至于宋亡，武人终不敢为乱若六朝者，虽宋祖之雄略，讲学之功亦不可没也。北宋之学，经术、政事并重，而范希文为之魁。南宋之学，则导源于二程，学术事功，率有偏重，然而汉学因循古昔，宋学自辟蹊径。汉多经生，宋多儒者，知经生与儒者分途，不必掩其得失，亦不必兢兢于辨是非也。

清代考据之学，自所标榜则曰“汉学”，章实斋则谓之出于朱子之再传。实则皆非，此清学耳。顾、黄、王、颜、孙、陆之辈，皆明之遗民，其人既不自认为清人，其学则发端于东林，而为《五经》《四书》《性理》诸《大全》之反应。博学于文，约之于身心，发之于经济，其学自行于民间，非清初大酋所堪容也。咸、同以来，统制之力渐衰。在政治，则中兴诸名臣以汉人而得大柄；在学术，则常州今文之学与朱一新、陈兰甫调和汉宋之学并兴，皆不安于惠、戴以来偏枯之考据学，而欲以道德、经济济其敝，故惟纯粹之朴学家为清学焉。何以明其非汉学也？西汉专家之学，乃限于书策、师资，东汉则通学朋兴，已不尔也。清世汉学家，以许、郑为宗师，许、郑之学，岂若清儒之于学问中专研一部以自划乎？朱子格物之学，穷至事物之理，其流必为王应麟、黄东发，与清学诚相似，然其规模之大，清代朴学家莫之与伦也。阎若璩、毛大可尚及见清初大儒，而其学不明大体，务矜奇炫博，斯已陋也。惠、戴继起，被其流风，学益专门，以期免于遗漏。故惠、戴之学，实从阎、毛转手，学不为己，专以殉人，虽缘气魄之小，学问之标准，亦不同耳。章氏以戴学出于朱子，讥戴为黠，此由暗合，非由学之，殆不然也。又清世文网之密，凡有生气之学，皆不得滋长。李光地、陆陇其之理学，可以观也。彼诸朴学家虽不窥学术大源，其所就则有功于来学。而攀龙附骥之辈标榜汉学者，则所以自见其丑耳。道、咸、同以来，庄方耕虽乾隆时人，常州今文之学不得为乾嘉之学术。新起之学既未得其正途，而乾嘉以来残余之学，犹固步自封，隐然若乾嘉诸师之有所畏而然者，是可怪也。西学东来，国学中斩，政教学术，无不仰之异域，固早已全盘西化也。学校虽有国学之科，无非考古，考古学而止耳，不必言国学，而好称时髦学者，其治国学亦必以西洋汉学家治吾国学问为师。所谓国学者，岂非徒具其名哉！于此可知汉学、宋学之异同，与清代汉学之非汉非宋，今日国学之非国学。治国学者，当寻求正途，毋为妄人之所惑而捷径以窘步矣。

儒学对中国学术政治社会之影响

吾于《中国社会之特性》一文中，已言中国历史与西洋史分道而驰，在秦、汉大一统之后，而儒学实为其主因。儒学对中国历史之贡献，无俟乎言。然吾人持之以与西方近代历史相较，亦正有其弊短，此亦论史者所不可忽。然此弊短皆儒学衍进上之不能得其正当发展所致，无伤于其根本，刮垢摩光，则其光彩日新也。吾人今日所以为不足者，科学不如人，而政治社会日入于败坏也。吾人当知儒家所谓学者何事？科学之不发达何因而至？儒家对于政治社会之理想如何？何以不能发展其正当之理想，而入于补偏救弊？吾人今后对儒学应如何择取？此皆本篇所致论者。

一　儒家言学之范围

吾国学术，旧以分科之意义不明，于是有汉、宋之争，考据、义理、辞章、致用之争。何者为真正孔、孟之学，遂言人人殊。以孔、孟、荀三家而论，对于学之界义，荀子最为明确。吾尝根据《荀子》之书以作《儒学之统类》一文，知其所谓学，不外于修己安民。以今日学名言之，即道德学、政治学。持此以上观孔、孟之书，下观后儒之书，可谓吾先哲所谓学，其中心思想皆在于此。再以观诸子之书，虽有不谈道德如法家者，而思以其学说施于政事，则又相同。纯理之学，惟周代名学与魏、晋清谈似之。科学之应用，凡关于一切制造者，悉屏于学宫之外，此已往之实情也。然观于前人之论政，则又不然。《洪范》一书，为我国论政治而具体之书，所言“五行”“八政”“五纪”，皆兼自然法家与民生日用之事。《左传》称“六府之事”，则以“正德”“利用”“厚生”并举。《庄子·天下篇》区分古代学术政治，一为古代世传之历史，一为邹鲁之士所传之诗书礼乐，一为百官世守之法数，一为人民生养之事。举凡民生日用之事，言政者皆不废，言学则不及之，何也？吾尝读《左传》《国语》，而知战国之君主集权，由于君主与布衣之士结合，而去旧日世族之势力。又由春秋时代之贤士大夫以推想孔子，孔子既为春秋时代人物，其所受教育，当无异于异时之贤士大夫。当时贤士大夫之教育，即所谓礼教，礼之内容，儒者迭有转变。所以为修己治民之具也。孔子之异于当时之贤士大夫者，在其能传播古代贵族专有之文化于平民，使传统文化得以流传，更发明“仁”字之义，使一切道德有统系，使已成形式之礼，得仁以为之内容而复活。然而孔子之志，仍与贵族相同，施于有政，为其归宿。受孔子之影响而起之诸子，其目的亦相同，故诸子学虽不同，而归宿于政治则相同。幼而学之，壮而行之，所欲行者如此，则所学者自应如此，此中国二千余年言学终于不出道德学与政治学范围之所由来，而历代所以有不官、不民之士存于其间也。章实斋谓：“一切技艺皆本之于古之圣人。”其说诚当，但圣人发明之后，则官守其策，民用其事。周衰，官失其守，学者又不置之于学问之列，第曰：“农工于田，而不可以为田师。贾工于市，而不可以为市师。工工于器，而不可以为器师。有人焉，不能此三技，而可使治此之官，曰：‘精于道者也。’”《荀子》语。徒欲管理之，而不思研究之，焉得而不日退？其时独有墨家学术，有科学原理，墨子盖身执工艺者，当平民学术盛兴之会，亦起而致力于学问，故又能于其所操之业务益有发明耶。然一世所谓学者，既不出道德学、政治学范围，不仅墨子之学无从流传，即后代历史上所著名之巧人，若张衡、马钧之流，亦惟是天才之偶然流露，盖中国政治学术之趋向既如彼，又为农业社会，不如工商业社会之需要科学，宜其不得发展也。吾人既明古人所谓学之意义及其历史关系，则知中国科学之不发达，非是中国人无科学天才，而是中国人不研究科学。

二　儒家原始之政治社会思想

《论语》中虽多记孔子论政之言，孔子究主张何种政体，则不可知。若最先言君主出于民选者为墨子，《尚同篇》曰："明乎天下之所以乱者，生于无政长。是故选天下之贤可者，立以为天子。天子立，以其力为未足，又选天下之贤可者立为三公。"而孟子取之，言："民为贵，社稷次之，君为轻，得乎丘民为天子。"又曰："匹夫而有天下者，德必若舜、禹，而又有天子荐之者，故仲尼不有天下。"固以孔子为其理想中之君师也。公孟子亦有此言。《墨子·公孟篇》，公孟子谓子墨子曰："昔者圣王之列也，上圣立以为天子，其次立以为卿大夫，今孔子博于《诗》《书》，察于礼乐，详于万物，若使孔子当圣王，则岂不以孔子为天子哉?"是以孔子为理想之天子，孟子之前已有之，儒者以孔子为素王，非无据也。庄子言玄圣素王，恐非此义。孟子之进于墨子者，在以天下观念代替国家观念。滕文公问曰："滕，小国也，事齐乎？事楚乎?"孟子曰："是谋非吾所能及也，无已，则有一焉，凿斯池也，筑斯城也，与民守之，效死而民弗去，则是可为也。"滕文公问曰："滕，小国也。竭力以事大国，则不得免焉。"孟子答之："以太王去国，是国之存亡，不若民命之重也。"邹与鲁哄，有司死者三十三人，而民莫之死，则曰“吾民今而后得反之也”。盖孟子为天下后世立法，虽其言不见用于当世，定于一之思想，卒为中国统一奠其根基。革命之义，亦源于墨子。墨子之非命也，兼有反对君主自执有命之意。《非命篇》曰：“于《仲虺之诰》曰：‘我闻于夏人矫天命，布命于下，帝伐之恶，龚丧厥师。’此言汤之所以非桀之执有命也。于《太誓》曰：‘纣夷处，不肯事上帝鬼神，祸厥先神禔不祀，乃曰：吾民有命，《天志》中篇无“民”字。无廖排漏，天亦纵弃之而弗葆。’此言武王所以非桀执有命也。”周初革命之思想于是乎起。《多士篇》言华夏命。其后孟子以桀、纣为独夫，为后人以民意诛除暴君之根据，虽暴君虐主，莫之敢废也。自孟子以君师合一之贤人政治为理想，《学记》作者乃谓为人师然后可以为人长，为人长然后可以为人君，师也者所以学为君也。《射义》言射侯，射中则得为诸侯，射不中则不得为诸侯，不明于古者之政治思想，于此能释之乎？孟子所谓之民主，为贤人政治，而非暴民政治，儒者承之，遂寄托政治之基础于乡。《乡饮酒义》云：“乡饮酒之礼，六十者坐，五十者立侍，以听政役，所以明尊长也。六十者三豆，七十者四豆，八十者五豆，九十者六豆，所以明养老也。民知尊长养老，而后乃能入孝弟，民入孝弟，出尊长养老，而后教成，教成而后国可安也。君子之所谓孝者，非家至而日见之也，合诸乡射，教之乡饮酒之礼，而孝弟之行立矣。孔子曰：‘吾观于乡，而知王道之易易也。’”乡饮酒以明孝弟，以听政役，以乡射选士，虽其详不可得而闻，其为政治之基础无疑矣。自《孟子》言井田分国制禄之制，而《王制》承之。《汉书·食货志》与何休《公羊注》所言井田、学校之制，遂益详备，皆汉代今文先师之遗说，所以寄其民主政治之理想焉。《礼运》所言大同之世，专明大纲，故极简略。其曰“天下为公”，所以言政体也；“选贤与能”，所以言内政也；“讲信修睦”，所以言外交也；

"人不独亲其亲，子其子"以下，所以言社会也。其义皆自孟子发之，迄于汉代，变为今文学之微言。说详拙著《西汉思想之发展》。盖宽饶之徒，竟以身殉，蒙师文通论儒家政治思想，言之至详尽矣。然荀子之态度，则与孟子不同。孟子志在明道而不计事功，荀子则颇顺世以行道；孟子不言富强，不言兵事，荀子则有富国强国议兵，其内容固纯乎儒者，与孟子无殊，然王政之色采晦也。孟子以孔子为理想中政教合一之人君，而荀子言大儒，则天子之三公。又曰："儒者法先王，隆礼义，谨乎臣子，而致贵其上。"以周公为在上之大儒，以孔子为在下之大儒，不敢复有帝王思想，而孟子民主之思想变也。然其《臣道篇》所言诤谏辅弼之臣，以操持人主，则人主直为虚位耳。盖其急于行道，故阳崇君主而阴夺其权，其行人李斯卒能得政于秦，秦、汉以来儒者，率荀卿故技也。后世儒者以牵就得事实之故，不能直伸其理想，虽言天下人之天下，立君以为民，然不敢公言天子出于民选。虽言天下有德者居之，而不敢言革命。仅所与共治天下者为凡民之俊秀，经筵讲学以教导之，谏议反驳以防制之，若遇暴主，亦终于无可奈何。此汉以来君主与儒者联合共致力于经训之下而互相让步之局势也。其结果为补偏救弊，夫复何疑。又儒家之政治学说，其本身亦有所蔽：一为儒家虽有其政治理想，亦未决定彻底推翻当前政府，而以得君为愿，故人民对国家之责任不明，儒家虽不出世，其于政治仍由君主礼聘，乃辅助性质，而非民主国国民之态度；二为儒家所理想之君主，为圣为贤，乃君主保民，而非人民监督政治。以伦理谈政治，故以"如保赤子"为君主之事，"庶人不议"为人民之事。有此二者，故儒家言政治实有不及法家之处，以其以伦理为政治也。三为儒家兴起之际，为国与国兼并之时，当时除法家以外，皆趋于天下主义，故国族思想极其薄弱，虽秦、汉以后之中国能融合为一大国大族，然而无力量。

吾人今日读《左传》，即知春秋以前人国家民族思想颇重，孔子亦有之，至孟子而后始薄。此乃时代为之，而社会之发展当先有健全之国家，而后及于天下。此皆言儒学者所当补充修正者也。

三　君主与儒生结合后之政治社会

中国社会之根本组织为家，家为伦理本位之起点，再由家而推于一切，故曰："尧、舜之道，孝弟而已矣。"中国政治上之结构为君主、官吏即士大夫、人民，而重心实在士大夫，士大夫又为社会上之重心，故言中国历史必须了解士大夫与士大夫所服膺之经典。秦、汉以后，以君主与士大夫互让而结合，故中国之政治社会，并非儒家原始之理想，而为士大夫补偏救弊之办法，略举其情状于后而申论之。

（一）家族之衍变

近代西洋历史，大部分是中世纪之活动，所谓个人主义、自由主义者，若有以激而成之，民主政治之基础，则建筑于此。虽最近社会本位之思想起来，个人思想与自由思想，将来不能不稍加节制，民主政治固不因而毁灭。中国则不然，举凡一切西洋人所经过者，中国人皆未经过，而中国历史之发展，乃又成一形式，学者多以家族社会解释之。持家族社会之理由者，以为西洋个人与国之关系密，而中国个人与国之关系疏，则家为之也。然求之于历史，则异于是。中国古代所谓家皆指大夫而言，故曰"国之本在家"。大夫是政治上之执政者，在社会上则是一族之领袖，所谓"宗子"。宗子于族人有收族之责，嫁女须先教于宗室，且有经济关系，族人有余则归之宗，族人不足则资之宗，族人之于宗子惟命是从。而宗子既是政治上之执政者，其子弟亦与国有密切关系。平时事归诸子官管领，国有军旅之事，则受命于太子，观《周官·诸子职》与《礼记·燕义》，可见其性质略似于元代之宿卫。然万乘之国弑其君者，必千乘之家，千乘之国弑其君者，必百乘之家，国以家存，亦以家亡，是有家而家国之关系密，无家而人民与国之关系疏也。自秦废封建，宗法亦遂随之而逝。然古者大夫之家，并非大家庭，而是父子异宫。大家庭成功于元魏，详拙著《元魏之大家庭》。虽数世同居，以为美谈，然在一世亦不可得多，且有家而不收族，亦无势力可言。盖中国有力之家，因封建废而亦废，又经秦、汉之历次徙民，汉代酷吏之役，《酷吏传》人物，皆是诛戮豪宗大族，汉刺史亦条诏书，亦多防制豪族。古之所谓家者，已不复存在。惟南方豪族尚众，魏、晋时代，极其显著。中原士大夫之南迁，把持南朝之政权，国政操于世家之手，史家谓其保家之念切，然其力量并不寄于族人，至侯景之乱，膏粱贵胄之势力亦衰。隋、唐以科举取士，世臣益稀，族之关系，本极疏远，仅赖伦理观念维持。吾尝以为伦理固由家族而生，家族亦赖伦理维持。伦理限于人性之自然，未可以生产形式解释之也。以中国历史而论，国人对国关系之淡漠，乃历史造成，政治造成，而家为一空名。惟是伦理之关系，父慈子孝，兄友弟恭，夫义妇顺，各尽其道，互相尊敬，发展个性，或湮没个性，在中国皆不能言。

（二）士大夫之心理

吾尝为文以论汉以后政治社会所以安定之故，又尝论儒家集各家之大成而定于一以领导后来思想，而为后代思想之准则。汉以来之儒生，乃广义之儒，读书人之通称，以其入仕，又称士大夫。士大夫不可称为阶级，除六朝而外，人人可以作士大夫，士大夫亦不可以称为团体，以其有友谊关系而无团体组织。凡读书人好争是非而不顾利害，其流弊至于喜闹意气，不能相下，所谓士大夫者，各别之读书人之共称耳。然在汉以来之历史，士大夫实为重心。儒家之思想，原为君师合一，政教合一，一到汉代，事实上不能不分，人君管政，师儒掌教，遂为定例。士大夫既是社会上之师儒，又是政治上之官吏。为官吏则以私人关系而尽忠于君，以达其救民之理想。为王者师，致君泽民，为士大夫之盛遇。穷而在下，则以风俗教化为责任，隐然以不事王侯，高尚其事自处。吾尝谓经是古史，经学是儒家思想与古史之混合体，经学是支配中国几千年人心之典籍，可以批评政治，可以修正法律。说详拙著《经学通论》。师儒心目中有圣贤经传与自然理性，而无法律，畏法而不为恶，为学者所不取。人君既以教权瞢然付之师儒，其与人民之关系，惟是税敛征发，断理讼狱，省刑罚，薄税敛，即是善政。人民以不入公门为荣，一切行为标准，根据于师儒所传之圣经贤传与已成之风俗习惯。几千年之中国社会既不赖法律维持，故中国人缺少法律之尊重，以至今日，人民犹不知法律为何物。盖士大夫最初之屈伏于君主之下，本是失败，以无法反抗，反藉君主之力以行其志，当欲以天子之师友自居，此荀卿之旧法也。乃推崇谏议之制，辅教太子，经筵讲席，尤视为要事，皆欲以王者师自居耳。于隐士之批评，在汉以来，已改变孔、孟之态度，以为虽非中行，而有废顽立懦转移风气之益，正史上隐逸传论，皆如此也。于是士大夫身处朝廷而口谈江海，虽曰“相逢尽道归休去，林下何曾见一人”，其意识中，固以富贵为俗而不之屑也。文学艺术，以山林自然为高。干禄固士大夫之常，而叔孙通独见讥于后世，一切矛盾现象，皆由儒家初期之理想，与后来之事实不合，士大夫受此教育，遂发露于不觉。汉以来之中国，虽一治一乱，此仆彼兴，士大夫始终代理国事，独掌教权，宋代之尊重士大夫，固无论矣，即元代有十儒九丐之谈，而姚燧辈反以为不粿于民而殊其籍，待士大夫甚厚。明太祖谓胡元以宽而失，济之以猛，《草木子》则于明祖之政，多所诋讥，有国者必尊士大夫，已为定例。异族入主，非华化不能统制中国，盖灭国惟得其政，不能得其教，人民对于君主，仅是出钱出力，其礼俗信仰、生活习惯所根据者，固别有在，亡国可也，亡天下不可也。故中国政治自汉以来，常在士大夫手中，虽人君对于人臣妨制极甚，而不能不尊礼士大夫。士大夫既是官吏，又是师儒，虽受人君之豢养，而与人君终未合为一体，在古代确有节制君权、保护人民之作用。然而既不明目张胆出而争取政权，又不能心悦诚服，以致造成藐视法律之态度。

（三）无团体自由　无国家观念

数十年前梁任公尝谓："中国人无群育。"至今犹然，而私德益衰，更著其恶。中国何以无群育，此实大可注意。或谓中国人过分自由，如一盘散沙，所以团结不起。实则中国人之自由，不能称为自由，乃是君主一部份之放任。中国人尤其是无团体自由，君主时代最忌士大夫朋党与民间集会结社，群饮有禁，大酺则是加恩，民间各种职业，皆无会社之组织，儒者聚徒讲学，人数过多，即加以伪学党人之名。中国人在几千年君主积威之下，既未尝有团体生活，何以有一切公共团体训练，以与民主国国民相较，自事事不如也。又中国历史，"臣民"两字，虽常连用，而其性质完全不同。盖君与国之观念，常混而为一，无殊于古代之西洋人。人臣对于国君，乃是私人关系，故曰："食人之禄，当忠人之事。"人民对于君主，则无责任可言，国亡亦无所谓死节。惟有少数士大夫主张死土，故历史上有地方自卫之事，以身受文化之益，故重视文化沦亡甚于改朝更号。顾亭林谓："改朝更号谓之亡国，仁义充塞而至于率兽食人，人将相食，谓之亡天下。保国者，其君其臣肉食者谋之，保天下者，匹夫之贱与有责焉耳矣。"国社既屋，起而反抗矣，出于守土自卫也。既降而不肯剃发，起而反抗者，出于爱护文化也。而曾国藩之湘军则代表此两种意义。蒋百里尝谓："中国民族在武力上夙不优长，谈不上有武功，但每每从自卫上发出力量来，能够战胜强敌。"又谓："中国人在种族上无狭隘之见，只在文化上有信念，不肯放松。中国人为种族而斗争者少，为文化而抗争者多。"蒋氏虽未言其所以然，其关键实在于此。故国史上忠臣虽多，而国之意义不明。个人虽放任，而无团体自由。宜乎与近代民主国家比较，则见一切公德败坏也。

（四）政府放任　人民被动

政府既放任而不干涉人民，人民反事事处于被动地位，何也？秦、汉以后之君民关系，日益疏远，人民知有君而已。人君之所防制，惟是在朝之臣，大臣朋党，既为人君所恶，乃又自私其亲近，而外戚宦官之祸，层出不穷。官制之变更，皆起于人君自私防制之意，大臣变为虚衔，实权落于卑官，及卑官变为大官，实权又落于他官，差遣变为正官，及为正官，又复成为虚衔。事实虽多，变化之方式则少，国史事实，往往可以释之。对于人民，非是强宗豪右，则务存不扰，人民对于国家，惟是上粮纳税，一切税役，皆日入于单纯，至清朝为极。官吏对于人民，以政简刑清、役平讼理为极则，虽有少数为民兴利除敝者，皆不出农田水利一类事，而正史有循吏而无能吏传，亦可以知古代人心之好尚也。对人民既如此放任，所以一切事不能办，且视为不必办，办事既困难，所以愈重改作。秦、汉以来法制，皆是根据既成事实而顺应之，而无自为法制之意。若有意改作，则鲜不失败。士大夫虽明知如此，然以为人君高拱于上，人民安业于下，较之法令滋张，官府残民，毕竟为愈，故异口同声，以为当然。平日对于国事虽有建议，而不敢结为朋党以主张国是。至于人民，根本不谈国事，且亦不知国事，终岁以谋衣食长子孙为事，于在上一切税敛征发，视为当然，恒处于被动地位，有法逃避则逃避，无法逃避则出钱出力。仅仅少数文学家为之呻吟，政论家为之请命而已。人民始终不敢反抗君主，若天灾人祸荐臻，无法生活，遂群起而争夺衣食，为流寇、为群盗，演成一治一乱之历史。或者竟谓某种阶级成功，某种阶级失败，与事实完全不符。故谓秦、汉以来之人民，不能为善，不能为恶，一切处之被动地位，殆不为过。

（五）因循苟安

秦、汉以来之历史，为君主、士大夫、人民三者所构成。君处于上，民处于下，士大夫居于其间。入仕则代君理民，然其本身出于人民，致仕仍是人民，其亲戚朋友仍是人民。人民既是被动，自一切因循苟安，人君亦不利于有所作为。盖人君之地位，适于静而不适于动，动而不止，则失其原位，凡有所作为，即举措得当，亦利在后世，害在当前，而当前之害，往往即可动摇国本，不得及见后世之利。秦之废封建、筑长城、修驰道、戍五岭，隋之伐高丽、修运河，元之治黄河，皆于后世有利，而为其亡国之原因。民族之利害，与一姓之利害，常常相反。宋儒喜言井田，在当时号为迂腐之论，在今日观之，竟自根本大计，亦有在当时视为良法美意，今日则以为病国害良者，此即一姓利害与全民族利害相反之故也。故中国人一不喜爱法，二不喜勤远，三不喜崇拜英雄。虽有英发之主，为其欲望所使，悍然一逞，失败者固引以为鉴戒，幸而成功，亦不为人所乐称。即出于抗御如汉武帝、宋神宗之所为，神宗变法，出于御侮。史家皆有贬辞。岁币和亲，则美之曰："屈己爱民。"诗歌皆诅骂战争，小说戏剧之英雄，皆是伦理道德之护法。士大夫悉于故事，知多谋少成，不如以息民为事，故历史上生事之臣，非是奸邪，即不更事之书生，老成谋国之人，必不为也。是以在中国史上，政论家每不得志，名臣贤相，多是随事补救，号称一代良相者，列传中为寻常事，唐之房、杜，即其著例。重于变法，故重人事而不重制度，为君者，以敬天爱民为务，为大臣者，以推贤进士、公忠体国为务，为守令者，以勤明廉洁为务。制度是随事推演，而以古人一切空洞之政治道德消息于其间，中国历史之少变化实由于此。不仅在政治上因循苟且，即社会上一切礼俗，亦因袭故常，虽有人为乡约家礼，而无人敢制礼作乐，故中国虽号礼义之邦，其实因陋就简而已。吾人今日衡量旧事，不能辄以今日之所要苛求古人，使中国仍是闭关自守，利害相接。亦宜以古人之所以处此者为是，奈今日处于列强角逐之世，则觉古人未与今日奠定一足以自立之基础耳。

（六）听天安命　明哲保身　重文轻武

儒、道两家皆重天命，墨子则尊天非命。道家所言天，纯为自然之天，儒家虽不纯，其于听天安命之天，亦与自然为近。天之意义，盖早于命。人穷则反本，劳苦倦极则呼天，故孔子言"天生德于予"，"天之将丧斯文"，皆为有主宰之天，此古义也。命为孔子所立，亦可谓改变古义。孔子言："不知命无以为君子。"墨子非儒者立命，而孟子释之曰："夭寿不贰，修之以俟之，所以立命也。"道家言命，盖取于儒家。而孟子之言："莫为而为者天，莫之致而致者命。"其言天则与道家为近。孟子于立命事天，皆有新解，于人事之无可如何者，则委之于天与命，何尝废人事乎？孟子所言之命，为孔子之旧义，“天”字之义，则与孔子及其前人不同，而与命为近，故听天安命，恒相连用。儒家所以立命者，乃以救义之穷，人事已尽，而所得适反，则归之于命，故“义命”二字亦常连用，人能安于义命，则所遇难厄，而心境常亨，坦然自得，不为沮丧，然易流于消极，事事顺应自然，此其短也。又“既明且哲，以保其身”二语，为美仲山甫之诗，原无全身远害之意，而世俗误用之。王若虚谓：“盖《中庸》有云：‘国有道，其言足以兴，国无道，其默足以容。’引此诗为证，学者因之错会。”述孔子之称南容，“邦无道，其默足以容”，即有远害自全之意，不独《中庸》为然也。盖孔子生于乱世，既不能行道，自以卫身为上，至于道之所在，儒家固主守死善道，以生殉道，杀生成仁，舍生取义也。道家以养生为重，故《老子》书多全身远祸之术，其流不免自私害义。秦、汉以后，儒者与老氏合流，汉以来言黄、老，柔退而已，亦非毁礼法。事求自全，苟免于祸。昔人或主兼用儒侠，即以矫儒者柔懦之弊耳。周世民风强悍，文武合一，当时贤士大夫，亦慷慨任气，非如后世之循谨。儒者立教以救其失，故不尚勇气，所以绝争斗之患也。《荀子·不苟篇》尤痛绝之，《礼记·聘义》云：“有行之谓有义，有义之谓勇敢。故所贵于勇敢者，贵其能以立义也。所贵于立义者，贵其有行也。所贵于有行者，贵其行礼也。故所贵于勇敢者，贵其敢行礼义也。故勇敢强有力者，天下无事，则用之于礼义；天下有事，则用之于战胜。用之于战胜则无敌，用之于礼义则顺治，外无敌，内顺治，此之谓盛德，故圣王之贵勇敢、强有力如此也。勇敢强有力而不用之于礼义战胜，而用之于争斗，则谓之乱人。”晏子之谏齐庄公养勇士，亦同此意。儒者以礼义化强暴，自可少争斗之祸而宁一天下，然血气之勇既去，传者所倡义理之大勇，又非人人可得而有，加之以乐天安命、明哲保身之思想充塞于中国，宜乎生气索然矣。此在学术本身，即少生气，在君主政治之下，此种思想，益易滋长，故其弊遂至不可胜言。

以上各事，皆为中国社会最大弊病。溯其来源，皆为历史所造成、政治所造成，在昔则弊少而利多，在今则弊多而利少。吾人欲奠定民治基础，造成法治国家，于此诸弊，不能不及早摧陷廓清之，否则无以立国于现世也。

本文尚有一姊妹篇，名为《中国社会之特性》，刊于华西大学中国社会史研究室期刊《中国社会》第九期，两文互为表里，敬希读者注意。